本資料輯録爲國家社科基金重大項目
"東胡系民族歷史文獻整理與研究"（17ZDA211）
成果之一，獲内蒙古大學"民族學學科群重大
成果培育"資助出版

【東胡系民族資料彙編】

張久和 主編

李榮輝 編　達怛資料輯録

張久和 編　室韋資料輯録

中華書局

圖書在版編目（CIP）數據

室韋資料輯録　達怛資料輯録/張久和,李榮輝編. —北京：
中華書局,2024.4
（東胡系民族資料彙編/張久和主編）
ISBN 978-7-101-16484-8

Ⅰ.室…　Ⅱ.①張…②李…　Ⅲ.①室韋–民族歷史–史料②
韃靼人–民族歷史–史料　Ⅳ.K289

中國國家版本館 CIP 數據核字（2023）第 243683 號

書　　　名	室韋資料輯録　達怛資料輯録
編　　　者	張久和　李榮輝
叢 書 名	東胡系民族資料彙編
責任編輯	陳　喬
責任印製	陳麗娜
出版發行	中華書局
	（北京市豐臺區太平橋西里 38 號　100073）
	http://www.zhbc.com.cn
	E-mail:zhbc@zhbc.com.cn
印　　　刷	三河市宏達印刷有限公司
版　　　次	2024 年 4 月第 1 版
	2024 年 4 月第 1 次印刷
規　　　格	開本/920×1250 毫米　1/32
	印張 8⅝　插頁 2　字數 125 千字
國際書號	ISBN 978-7-101-16484-8
定　　　價	68.00 元

目　錄

室韋資料輯錄

室韋資料輯録

張久和 編

凡　例

　　本書包含紀傳體、編年體、典制體史書、大型類書、地理
總志以及其他史料中有關室韋、烏洛侯之資料，斷限上起北
魏太平真君四年（443）烏洛侯國遣使朝貢一事，下至宋高宗
紹興元年、金太宗天會九年（1131）金國大掠民衆販於室韋
等國一事。此後有追述前人前事者，酌情擇要收録。

　　本書收録範圍，凡各類典籍中有“室韋”（包括失韋）或
“烏洛侯”（包括烏羅渾、烏羅護）字樣，及雖無“室韋”“烏洛
侯”字樣而其内容爲記載室韋、烏洛侯民族或人物之事迹者，
概予收録。所收資料，酌分段落，無標點者均加標點。

　　本書編排方法：以正史爲主，以本紀爲綱，重出者集中排
列，歧異者注明。所收録史料過長時，與室韋、烏洛侯關係較
小之部分，酌情予以省略。

　　本書主體分爲四部分：

　　（一）室韋專傳

　　（二）烏洛侯專傳

　　（三）散見史料繫年録

　　（四）散見未繫年史料

　　散見史料繫年録每條史料均標注公元紀年，輔以各朝

及與該條史料相關的並立政權君主年號，以資對照。同年資料，按月編排，記載相同或相近内容之史料按成書年代排序並予以集中。年代可以判斷大致範圍但不能絶對確定者，一般繫於相當年代之末並作出説明。不能或不宜繫年者，則編入散見未繫年史料。所標年月，以正史爲主，正史無可考者，則據《資治通鑑》或其他史料，具有争議者則以注釋説明。所收資料，酌分段落，所用史料爲影印版本者添加標點符號。影印本文字儘量遵循原著，如有明顯謬誤者，根據其他版本或正史酌情改正。明、清影印本中的避諱字，一般恢復爲原字。對舊字形、俗字以及部分異體字，本系列輯録選用規範繁體字代替。文内凡標注爲脚注之字句，均爲編者所加。

　　本書所收資料，將各史之正文及後人注釋均予收録，如《通鑑》胡三省注即全部收録。注釋及編者自注，俱用小號字體排印。各點校本史料，多附有校勘記，考慮到其學術價值，本系列輯録均予以保留。

室韋專傳

《魏書》卷一百《列傳第八十八·失韋》

失韋國，在勿吉北千里，去洛六千里。路出和龍北千餘里，入契丹國，又北行十日至啜水，又北行三日有蓋水，又北行三日有犢了山，其山高大，周回三百餘里，又北行三日有大水名屈利，又北行三日至刃水，又北行五日到其國。有大水從北而來，廣四里餘，名㮨水。國土下濕。語與庫莫奚、契丹、豆莫婁國同。頗有粟麥及穄，唯食豬魚，養牛馬，俗又無羊。夏則城居，冬逐水草。亦多貂皮。丈夫索髮。用角弓，其箭尤長。女婦束髮，作叉手髻。其國少竊盜，盜一徵三，殺人者責馬三百匹。男女悉衣白鹿皮襦袴。有麴釀酒。俗愛赤珠，爲婦人飾，穿挂於頸，以多爲貴，女不得此，乃至不嫁。父母死，男女衆哭三年，尸則置於林樹之上。武定二年四月，始遣使張焉豆伐等獻其方物，迄武定末，貢使相尋。

頁二二二一

《隋書》卷八十四《列傳第四十九·北狄·契丹附室韋》

室韋，契丹之類也。〔二一〕其南者爲契丹，在北者號室韋，分爲五部，不相總一，所謂南室韋、北室韋、鉢室韋、深末怛室韋、太室韋。並無君長，人民貧弱，突厥常以三吐屯總領之。

【校勘記】

〔二一〕室韋契丹之類也　"室韋"原缺，據《北史·室韋傳》補。

南室韋在契丹北三千里，土地卑濕，至夏則移向西北貸勃、欠對二山，多草木，饒禽獸，又多蚊蚋，人皆巢居，以避其患。漸分爲二十五部，每部有餘莫弗瞞咄，猶酋長也。死則子弟代立，嗣絶則擇賢豪而立之。其俗丈夫皆被髮，婦人槃髮，衣服與契丹同。乘牛車，篷簾爲屋，如突厥氈車之狀。渡水則束薪爲栿，或以皮爲舟者。① 馬則織草爲靽，結繩爲轡。寝則屈爲屋，② 以篷簾覆上，移則載行。以猪皮爲席，編木爲藉。婦女皆抱膝而坐。氣候多寒，田收甚薄，無羊，少馬，多猪牛。造酒食啖，與靺鞨同俗。婚嫁之法，二家相許，婿輒盜婦將去，然後送牛馬爲娉，更將歸家。待有娠，乃相隨還舍。婦人不再嫁，以爲死人之妻難以共居。部落共爲大棚，人死則置尸其上。居喪三年，年唯四哭。其國無鐵，取給於高麗。多貂。

南室韋北行十一日至北室韋，分爲九部落，繞吐紇山而居。其部落渠帥號乞引莫賀咄，每部有莫何弗三人以貳之。

---

① 此處中華書局點校本《隋書》無校勘記，中華書局點校修訂本《隋書》校勘記二一二六頁：或有以皮爲舟者　"有"字原闕，據宋乙本、至順本補。按，《北史》卷九四《室韋傳》亦有"有"字。

② 此處中華書局點校本《隋書》無校勘記，中華書局點校修訂本《隋書》校勘記二一二六頁：寝則屈木爲屋　"木"字原闕，據《北史》卷九四《室韋傳》《通典》卷二〇〇《邊防》一六《室韋》補。

氣候最寒,雪深没馬。冬則入山,居土穴中,牛畜多凍死。饒麏鹿,射獵爲務,食肉衣皮。鑿冰,没水中而網射魚鼈。^①地多積雪,懼陷坑阱,騎木而行。俗皆捕貂爲業,冠以狐狢,衣以魚皮。

又北行千里,至鉢室韋,依胡布山而住,人衆多北室韋,不知爲幾部落。用樺皮蓋屋,其餘同北室韋。

從鉢室韋西南四日行,至深末怛室韋,因水爲號也。冬月穴居,以避太陰之氣。

又西北數千里,至大室韋,徑路險阻,語言不通。尤多貂及青鼠。

北室韋時遣使貢獻,餘無至者。

頁一八八二至一八八三、一八八六

《北史》卷九十四《列傳第八十二·室韋》

室韋國在勿吉北千里,去洛陽六千里。"室"或爲"失",蓋契丹之類,其南者爲契丹,在北者號爲失韋。路出和龍北千餘里,入契丹國,又北行十日至啜水,又北行三日有善水,又北行三日有頹了山,其山高大,周回三百里。又北行三百餘里,〔六四〕有大水名屈利,又北行三日至刃水,又北行五日到其國。有大水從北而來,廣四里餘,名捺水。國土下濕,語與庫莫奚、契丹、豆莫婁國同。〔六五〕頗有粟、麥及穄。夏則城

---

①此處中華書局點校本《隋書》無校勘記,中華書局點校修訂本《隋書》校勘記二一二六頁:鑿冰没水中而網射魚鼈　"射",《北史》卷九四《室韋傳》《通志》卷二〇〇《四夷》七《室韋》作"取",文意較長。

居，冬逐水草，多略貂皮。丈夫索髮。用角弓，其箭尤長。女婦束髮作叉手髻。其國少竊盜，盜一徵三；殺人者責馬三百匹。〔六六〕男女悉衣白鹿皮襦袴。有麴，釀酒。俗愛赤珠，爲婦人飾，穿挂於頸，以多爲貴。女不得此，乃至不嫁。父母死，男女衆哭三年，尸則置於林樹之上。

【校勘記】

〔六四〕又北行三百餘里　《魏書》卷一〇〇《失韋傳》“百餘里”作“日”一字。按前後皆以日計里程，這裏不應獨異。疑涉上文而誤。

〔六五〕豆莫婁國同　諸本脱“莫”字，據《魏書》及下文《豆莫婁國傳》補。

〔六六〕殺人者責馬三百匹　諸本脱“馬”字，據《魏書》補。

武定二年四月，始遣使張烏豆伐等獻其方物。迄武定末，貢使相尋。及齊受東魏禪，亦歲時朝聘。

其後分爲五部，不相總一，所謂南室韋、北室韋、鉢室韋、深末怛室韋、大室韋，並無君長。人貧弱，突厥以三吐屯總領之。

南室韋在契丹北三千里，土地卑濕，至夏則移向北。貸勃、欠對二山多草木，饒禽獸，又多蚊蚋，人皆巢居，以避其患。漸分爲二十五部，每部有餘莫弗瞞咄，猶酋長也。死則子弟代之，嗣絶則擇賢豪而立之。其俗，丈夫皆被髮，婦女盤髮，衣服與契丹同。乘牛車，以蘧蒢爲屋，如突厥氈車之狀。度水則束薪爲栿，或有以皮爲舟者。馬則織草爲韉，結繩爲轡。匡寢則屈木爲室，〔六七〕以蘧蒢覆上，移則載行。以猪皮爲席，編木爲藉。婦女皆抱膝坐。氣候多寒，田收甚薄。無羊，少馬，多猪、牛。與靺鞨同俗，婚嫁之法，二家相許竟，輒盜婦將去，然後送牛馬爲聘，更將婦歸家，待有孕，乃相許隨還舍。婦人不再嫁，以爲死人之妻，難以共居。部落共爲大棚，人死則置其上。居喪三年，年唯四哭。其國無鐵，取給於高麗。多貂。

【校勘記】

〔六七〕匡寢則屈木爲室　《隋書》卷八四及《通志》卷二〇〇《室韋傳》無“匡”字，此當是衍文。又諸本“屈木”倒作“木屈”，據《通志》乙。

南室韋北行十一日至北室韋，分爲九部落，繞吐紇山而居。其部落渠帥號乞引莫賀咄。每部有莫何弗三人以貳之。氣候最寒，雪深没馬。冬則入山居土穴，牛畜多凍死。饒麢鹿，射獵爲務，食肉衣皮，鑿冰没水中而網取魚鱉。地多積雪，懼陷阬阱，騎木而行，俗即止。皆捕貂爲業，冠以狐貂，衣以魚皮。

又北行千里至鉢室韋，依胡布山而住，人衆多北室韋，不知爲幾部落。用樺皮蓋屋，其餘同北室韋。

從鉢室韋西南四日行，至深末怛室韋，因水爲號也。冬月穴居，以避太陰之氣。

又西北數千里至大室韋，徑路險阻，言語不通。尤多貂及青鼠。

北室韋時遣使貢獻，餘無至者。

頁三一二九至三一三一、三一四五至三一四六

《通典》卷第二百《邊防十六·北狄七·室韋》

室韋有五部，後魏末通焉，并在靺鞨之北，路出柳城。諸部不相總一，所謂南室韋、北室韋、鉢室韋、深末怛室韋、大室韋，並無君長，人衆貧弱。突厥沙鉢略可汗嘗以吐屯潘垤統領之，[一四] 蓋契丹之類也。其在南者爲契丹，在北者號室韋。南室韋在契丹北三千里，《後魏書》云：自契丹路經啜水、蓋水、犢了山，[一五] 其山周回三百里，又經屈利水，始到其國。土地卑濕，至夏則移向西貸勃、欠對二山，[一六] 多草木，饒禽獸，又多蚊蚋，人皆巢居，以避其患。後漸分爲二十五部，有餘莫不滿咄，[一七] 猶酋長也。死則子弟代立，[一八] 嗣絶則擇賢豪而立之。盤髮衣服與契丹同。乘牛車，篷篨爲室，[一九] 如突厥氈車之狀。度水則束薪爲栿，或有以皮爲舟者。馬則織草爲韉，結繩爲轡。寢則屈木爲室，以篷篨覆上，移則載行。以猪皮爲席，編木藉之。氣候多寒，田收甚薄。無羊，少馬，多猪、牛。造酒、食啖、言語與靺鞨同。婚姻之法，[二〇] 二家相許，婿輒盗婦去，然後送牛馬爲聘。婦人不再嫁，以爲死人妻，難以共居。部落共爲大棚，人死則置尸其上。居喪三年。其國無鐵，取給於高麗。自南室韋北行十一日至北室韋，分爲九部落。其部落渠帥，號乞引莫賀咄。氣候最寒，冬則入山，居穴中，牛畜多凍死。饒麞鹿，射獵爲務。鑿冰，没水中而網射魚鼈。地多積雪，懼陷坑阱，騎木而行。俗皆捕貂爲業，冠以狐貉，衣以魚皮。又北行千里至鉢室韋，依胡布山而住。人衆多於北室韋，不知爲幾部落。用樺皮蓋屋，其餘同北室韋。從鉢室韋西四日行，[二一] 至深末怛室韋，因水爲號也。冬月穴居，以避太陰之氣。又西北數千里,至大室韋,徑路險阻,言語不通,尤多貂及青鼠。

【校勘記】

〔一四〕嘗以吐屯潘垤統領之 "嘗"原作"常",據《太平寰宇記》卷一九九改。

〔一五〕蓋水犢了山 "水"原脱,"了"原訛"子",據《魏書·失韋傳》二二二一頁、《太平寰宇記》卷一九九補改。按:《北史·室韋傳》三一二九頁"蓋"作"善"。

〔一六〕至夏則移向西貸勃欠對二山 《隋書·北狄傳》一八八二頁"西"下有"北",《北史·室韋傳》三一三〇頁"西"作"北"。朝鮮本、王吳本"欠"作"久"。《太平寰宇記》卷一九九"貸"作"繢"。《新唐書·北狄傳》六一七六頁"貸"作"貣","欠"作"次"。

〔一七〕有餘莫不滿咄 "不滿"《隋書·北狄傳》一八八二頁、《北史·室韋傳》三一三〇頁作"弗瞞"。

〔一八〕死則子弟代立 "立"下原衍"之",據《隋書·北狄傳》一八八二頁刪。

〔一九〕籧篨爲室 《新唐書·室韋傳》六一七六頁、《唐會要》卷九六、《太平寰宇記》卷一九九同。《隋書·北狄傳》一八八二頁、《北史·室韋傳》三一三〇頁"室"作"屋"。

〔二〇〕婚姻之法 "法"原訛"家",據明抄本、明刻本、朝鮮本、王吳本改。按:《隋書·北狄傳》一八八二頁、《北史·室韋傳》三一三〇頁、《唐會要》卷九六、《太平寰宇記》卷一九九均作"法"。

〔二一〕從鉢室韋西四日行 《唐會要》卷九六、《太平寰宇記》卷一九九同。《隋書·北狄傳》一八八三頁、《北史·室韋傳》三一三一頁"西"下有"南"。

北室韋,後魏武帝、隋開皇大業中,並遣使朝獻。

大唐所聞有九部焉,屢有朝貢。所謂嶺西室韋、山北室韋、[二二]黃頭室韋、大如者室韋、小如者室韋、訥北室韋、[二三]婆萵室韋、[二四]達末室韋、[二五]駱駝室韋,並在柳城郡之東北,近者三千五百里,遠者六千二百里。[二六]

【校勘記】

〔二二〕山北室韋　"山"原脱,據《舊唐書·北狄傳》五三五七頁、《新唐書·北狄傳》六一七六頁、《唐會要》卷九六、《册府》卷九五六一一二五四頁補。

〔二三〕訥北室韋　原脱"北室韋",據《舊唐書·北狄傳》五三五七頁、《新唐書·北狄傳》六一七六頁、《唐會要》卷九六、《太平寰宇記》卷一九九、《册府》卷九五六一一二五四頁補。"訥"原作"納",據明刻本、朝鮮本改。

〔二四〕婆萵室韋　《舊唐書·北狄傳》五三五七頁、《新唐書·北狄傳》六一七六頁同。《唐會要》卷九六、《太平寰宇記》卷一九九"婆"作"娑"。《册府》卷九五六一一二五四頁亦作"婆",而"萵"作"芭",下加小注"烏戈切"。

〔二五〕達末室韋　"末"原訛"木",據明刻本、朝鮮本、王吴本、殿本改。

〔二六〕遠者六千二百里　"二"原訛"八",據明抄本、明刻本、朝鮮本、王吴本改。按:《舊唐書·北狄傳》五三五七頁、《唐會要》卷九六、《太平寰宇記》卷一九九、《册府》卷九五六一一二五四頁均作"二"。

頁五四八七至五四八八、五五○四至五五○六

《舊唐書》卷一百九十九下《列傳第一百四十九下·北狄·室韋》

室韋者,契丹之別類也。居峱越河北,其國在京師東北七千里。東至黑水靺鞨,西至突厥,南接契丹,北至于海。其國無君長,有大首領十七人,並號"莫賀弗",世管攝之,而附于突厥。兵器有角弓楛矢,尤善射,時聚弋獵,事畢而散。其人土著,無賦斂。或爲小室,以皮覆上,相聚而居,至數十百家。剡木爲犁,不加金刃,人牽以種,不解用牛。夏多霧雨,冬多霜霰。畜宜犬豕,豢養而啖之,其皮用以爲韋,男子女人通以爲服。被髮左袵,其家富者項著五色雜珠。婚嫁之法,男先就女舍,三年役力,因得親迎其婦。役日已滿,女家分其財物,夫婦同車而載,鼓舞共歸。武德中,獻方物。貞觀三年,遣使貢豐貂,自此朝貢不絕。

又云:室韋,我唐有九部焉。所謂嶺西室韋、山北室韋、黃頭室韋、大如者室韋、小如者室韋、婆萵室韋、訥北室韋、駱駝室韋,並在柳城郡之東北,近者三千五百里,遠者六千二百里。今室韋最西與回紇接界者,烏素固部落,當俱輪泊之西南。次東有移塞没部落。次東又有塞曷支部落,此部落有良馬,人户亦多,居啜河之南,其河彼俗謂之燕支河。次又有和解部落,次東又有烏羅護部落,又有那禮部落。又東北有山北室韋,又北有小如者室韋,又北有婆萵室韋,東又有嶺西室韋,又東南至黃頭室韋,此部落兵强,人户亦多,東北與達姤接。嶺西室韋北又有訥北支室韋,此部落較小。烏羅護之東北二百餘里,那河之北有古烏丸之遺人,今亦自稱烏丸國。

武德、貞觀中,亦遣使來朝貢。其北大山之北有大室韋部落,其部落傍望建河居。其河源出突厥東北界俱輪泊,屈曲東流,經西室韋界,又東經大室韋界,又東經蒙兀室韋之北,落俎室韋之南,又東流與那河、忽汗河合,又東經南黑水靺鞨之北,北黑水靺鞨之南,東流注于海。烏丸東南三百里,又有東室韋部落,在猺越河之北。其河東南流,與那河合。開元、天寶間,比年或間歲入貢。大曆中,亦頻遣使來貢。貞元八年閏十二月,室韋都督和解熱素等一十人來朝。大和五年至八年,凡三遣使來。九年十二月,室韋大都督阿成等三十人來朝。〔一九〕開成、會昌中,亦遣使來朝貢不絕。

【校勘記】

〔一九〕大都督　“都”字各本原作“勝”,據《唐會要》卷九六、《册府》卷九七二改。

頁五三五六至五三五八、五三六六

《唐會要》卷九十六《室韋》

室韋者,契丹之別種,附于突厥。用角弓楛矢,尤善射,時聚弋獵,事畢而散。其人土著,無賦稅,人牽犁以種。又按《隋書·室韋記》云:室韋有五部落,一南室韋;二北室韋;三鉢室韋,在北室韋之北;四深末怛室韋,在北室韋之西北;五大室韋,在室建河之南,深末怛室韋之西北。《隋書》曰:大室韋之外,名字改易,不可詳悉。突厥沙鉢羅可汗常以吐屯潘恠統領之,蓋並契丹之別種也。其南者爲契丹,在北者號室韋。南室韋在契丹北三千里。《後魏書》云:自契丹路經啜水、蓋水、犢了山,其山周回三百里。又經屈利水,始到其國。土地卑濕。至

夏則移向西貸穀、久對二山。多草木，饒禽獸，又多蚊蚋，人
皆巢居以避其患。後漸分爲二十五部。其酋帥號餘莫不滿
咄。死則子弟代之，無嗣則擇賢豪而立之。盤髮衣服，與契
丹同。乘牛車，蘧蒢爲室，如突厥氈車之狀。渡水則束薪爲
栿，或有以皮爲舟者。馬則織草爲韉，結繩爲轡。寢則屈木
爲室，以蘧蒢覆之，移則載以行。以猪皮爲席，編木藉之。氣
候多寒，田收甚薄，無羊，少馬，多猪牛。言語與靺鞨相通。
婚嫁之法：二家相許，婿輒盜婦持去，然後送牛馬爲聘。婦
人不再嫁，以爲死人之妻，難以共居。部落共爲大棚，人死，
置尸其上，居喪三年。其國無鐵，取給於高麗。南室韋北行
十一日至北室韋，分爲九部落。其渠帥號乞引莫賀咄。氣候
最寒，冬則入山，居穴中。牛畜多凍死。饒麈鹿，射獵爲務。
鑿冰，没水中而網射魚鼈。地多積雪，懼陷坑阱，騎木而行。
俗皆捕貂爲業，冠以狐貉，衣以魚皮。又北行千里至鉢室韋，
依胡布山而住。人衆多於北室韋，不知爲幾部落。用樺皮蓋
屋，其餘同北室韋。從鉢室韋西四日行至深末怛室韋。因水
爲號也。冬月穴居，以避太陰之氣也。又西北數千里至大室
韋。徑路險阻，言語不同。尤多貂及青鼠。北室韋，後魏武
定、隋開皇大業中，並遣使貢獻。大唐有九部焉。所謂嶺西
室韋、山北室韋、黃頭室韋、大如者室韋、小如者室韋、婆萵室
韋、訥北室韋、駱駝室韋，並在柳城郡之東北。近者三千五百
里，遠者六千二百里。今室韋最西與回鶻接界者，有烏素固
部落，當居俱輪泊之西南。次東有移塞没部落。次東又有塞
曷支部落，此部落有良馬，人戶亦多，居啜河之南，其河彼俗
謂之燕支河。又有和解部落。次東又有烏羅護部落，一名烏

羅渾。元魏謂之烏落。居磨蓋獨山北啜河之側。此部落自
魏大武真君四年，歷北齊、周、隋及武德已後，朝貢不絕。又
有那禮部落，與烏羅護犬牙而居。又東北有山北室韋。又有
小如者室韋。又北有婆萵室韋。東又有嶺西室韋。又東南
至黃頭室韋，此部落兵強，人戶亦多。東北與達姤接。嶺西
室韋北又有訥北支室韋，此部落校小。烏羅護之東北百餘
里，那河之北有古烏丸之遺人，今亦自稱烏丸國。武德、貞觀
中，亦遣使朝貢。其國北大山之北，亦有大室韋部落。其部
落傍望建河居，其河源出突厥東北界俱輪泊地，屈曲東流，經
西室韋界。又東經大室韋界。又東經蒙兀室韋之北，路丹室
韋之南，又東流與那河、忽汗河合。又東經南黑水靺鞨之北，
北黑水靺鞨之南，東流注于海。烏丸東南三百里，又有東室
韋部落。在猵越河北，其河東南流與那河合。

　　武德八年。遣使朝貢。

　　開元天寶中。每數十歲一遣使來朝。及貢貂皮等物。

　　貞元八年閏十二月。室韋都督和解熱素等一十人來朝貢。

　　太和五年至八年。凡三遣使來朝貢。九年十二月。室韋
大都督阿朱等三十人來朝貢。

　　開成元年十二月。室韋大都督阿朱等來朝。進馬五十
匹。四年正月。上御麟德殿。對入朝賀正室韋阿朱等十五
人。其年十二月。室韋大都督袟虫等三十人來朝貢。

　　會昌二年十二月。上御麟德殿。引見室韋大首領都督
熱論等十五人。宴賜有差。

　　咸通元年正月。上御紫宸殿受朝。對室韋使。

頁一七二○至一七二二

《太平寰宇記》卷一百九十九《四夷二十八·北狄十一·室韋》

室韋。後魏末通焉,並在靺鞨之北。按《隋書》:"室韋有五部:一南室韋,二北室韋,三鉢室韋,四深末怛室韋,五大室韋。並無君長,人衆貧弱。"突厥沙鉢略可汗嘗以吐屯潘垤徒結切〔二六〕統領之,並契丹之別種也。〔二七〕南室韋在契丹北三千里,自南室韋北行十一日至北室韋。鉢室韋,在北室韋之北。深末怛室韋,在北室韋之西北。大室韋,在室建河之南,深末怛室韋之西北也。按《後魏書》云:〔二八〕"自契丹路經啜水、蓋水、犢了山,其山周回三百里,又經屈利水、刃水,始到其國。"北室韋分爲九部落,其渠帥號乞引莫賀咄。氣候最寒,冬則入山,居土穴中,牛畜多凍死。饒麞鹿,射獵爲生,鑿冰,没水而網射魚鼈。地多積雪,懼陷坑阱,騎木而行。俗皆捕貂爲業,冠以狐貉,衣以魚皮。〔二九〕又北行千里至鉢室韋,依胡布山而住,人衆多于北室韋,不知爲幾部落。〔三〇〕用樺皮蓋屋,其餘同北室韋。從鉢室韋西四日行,〔三一〕至深末怛室韋,因水爲號也。冬月穴居,以避太陰之氣。〔三二〕又西北數千里至大室韋,徑路險阻,言語不同,尤多貂鼠及青鼠。北室韋,後魏武定、隋開皇大業中,並遣使朝貢。

【校勘記】

〔二六〕潘垤徒結切　"潘垤",底本作"蕃咥",據宋版及《通典·邊防一六》改。萬本、《庫》本及傅校皆作"垤"。"徒結切",底本脱,萬本、《庫》本同,據宋版補。

〔二七〕並契丹之別種也　"並",底本脱,萬本、《庫》本同,據宋版補。

〔二八〕按後魏書云　"云",底本脱,據宋版、萬本、《庫》本及《通典・邊防一六》補。

〔二九〕冠以狐貉衣以魚皮　二"以"字底本脱,據宋版、萬本、《庫》本、傅校及《北史》卷九四《室韋傳》《隋書・北狄傳》《通典・邊防一六》補。

〔三〇〕人衆多于北室韋不知爲幾部落　"衆"、"爲",底本脱,並據宋版、萬本、《庫》本、傅校及《北史・室韋傳》《隋書・北狄傳》《通典・邊防一六》補。

〔三一〕從鉢室韋西四日行　《通典・邊防一六》《唐會要》卷九六同,《北史・室韋傳》《隋書・北狄傳》"西"下有"南"字。

〔三二〕以避太陰之氣　"太"、"之",底本脱,並據宋版、萬本、《庫》本及《北史・室韋傳》《隋書・北狄傳》《通典・邊防一六》補。

大唐有九部焉,所謂嶺西室韋、山北室韋、〔三三〕黄頭室韋、大如者室韋、〔三四〕小如者室韋、婆萵室韋、〔三五〕訥北室韋、駱駝室韋,並在柳城郡之東北,近者三千五百里,遠者六千二百里。今室韋最西與回紇接界者,有烏素固部落,〔三六〕當俱輪國之西南。〔三七〕次東有移塞没部落。〔三八〕次東又有塞曷支部落,〔三九〕此部落有良馬,人户亦多,居啜河之南,其河彼俗謂之燕支河。次東又有和解部落。次東又有烏羅護部落,一名烏羅渾,元魏謂之烏落,〔四〇〕居磨蓋獨山北,啜河之側,此部落自魏太武真君四年,歷北齊、周、隋及唐武德、貞觀,洎乎天寶九年,朝貢不絶。又有那禮部落,與烏羅護犬牙

而居。又東北有山北室韋,又有小如者室韋,北又有娑萬室
韋,〔四一〕東又有嶺西室韋,又東南至黃頭室韋,此部落兵強,
人户亦多,東北與達坵接。〔四二〕嶺西室韋北又有納北之室
韋,〔四三〕此部落稍小。烏羅護東北二百餘里,那河之側,〔四四〕
有古烏丸之遺人,今亦自稱爲烏丸國。武德、貞觀中,亦遣使
朝貢。其國北大山之北又有大車室韋部落,傍室建河居。其
河源出突厥東北界俱輪泊,屈曲東流,經西室韋界,又東經大
室韋界,〔四五〕又東經蒙兀室韋之北,落怛室韋之南,〔四六〕又東
流與那河、忽汗河合,又東經南黑水靺鞨之北,北黑水靺鞨之
南,東流注于海。烏丸東南三百里,又有東室韋部落,在猊越
河之北。〔四七〕其東南流,與那河合。歷貞元八年,至會昌三
年,室韋朝貢不絕。

【校勘記】

〔三三〕山北室韋　底本脱,據宋版、傅校及《舊唐書·北
狄傳》《册府元龜》卷九五六、《唐會要》卷九六補。萬本作
“北室韋”,脱“山”字,《庫》本作“山室韋”,脱“北”字。

〔三四〕黃頭室韋大如者室韋　底本原倒爲“大如者室
韋黃頭室韋”,據宋版、萬本、《庫》本、傅校及《通典·邊防
一六》《舊唐書·北狄傳》《册府元龜》卷九五六、《唐會要》
卷九六乙正。

〔三五〕娑萬室韋　“娑”,宋版及《唐會要》卷九六同,
《通典·邊防一六》《舊唐書·北狄傳》《新唐書·北狄傳》
皆作“婆”。“萬”,底本作“窩”,《庫》本同,據宋版、萬本及
《通典·邊防一六》《舊唐書·北狄傳》《唐會要》卷九六改。

〔三六〕烏素固部落　底本“素”下衍“布”字,萬本、

《庫》本同，據宋版、中大本及《舊唐書·北狄傳》《新唐書·北狄傳》《唐會要》卷九六删。

〔三七〕俱輪國　“國”，《舊唐書·北狄傳》《新唐書·北狄傳》《唐會要》卷九六皆作“泊”。

〔三八〕移塞没部落　“塞”，底本作“寒”，據宋版、萬本、中大本、《庫》本、傅校及《舊唐書·北狄傳》《新唐書·北狄傳》《唐會要》卷九六改。

〔三九〕塞曷支部落　“曷”，底本作“葛”，萬本、《庫》本同，據宋版及《舊唐書北狄傳》《新唐書北狄傳》《唐會要》卷九六改。

〔四〇〕元魏　“魏”，底本脱，萬本、《庫》本同，據宋版及《唐會要》卷九六補。

〔四一〕娑萵室韋　“娑萵”，底本作“婆羅”，據《舊唐書·北狄傳》《唐會要》卷九六改。宋版、中大本作“娑葛”，“葛”爲“萵”字之誤。參見本卷校勘記〔三五〕。

〔四二〕達垢　“垢”，《舊唐書·北狄傳》《唐會要》卷九六作“姤”。

〔四三〕納北之室韋　“之”，《舊唐書·北狄傳》《唐會要》卷九六作“支”。

〔四四〕那河之側　“側”，《舊唐書·北狄傳》《唐會要》卷九六作“北”。

〔四五〕又東經大室韋界　“界”，底本脱，據宋版、萬本、《庫》本及《舊唐書·北狄傳》《唐會要》卷九六補。

〔四六〕落怛室韋　“落怛”，《舊唐書·北狄傳》作“落爼”，《新唐書·北狄傳》作“落坦”，《唐會要》卷九六作“路丹”。

〔四七〕猺越河　“猺”，底本作“崛”，《庫》本作“掘”，據宋版、萬本及《舊唐書·北狄傳》《新唐書·北狄傳》《唐會要》卷九六改。

四至：南室韋在契丹北三千里。後魏書云：“自契丹路經啜水、犢了山，又經屈利水，始到其國。”

土俗物產：土地卑濕，至夏則移向西貸勃、欠對二山，〔四八〕多草木，饒禽獸，又多蚊蚋，人皆巢居，以避其患。後漸分爲二十五部，其酋帥號餘莫不滿咄。死則子弟代之，嗣絕則擇賢而立之。盤髮衣服與契丹同。乘牛馬，蘧蒢爲室，如突厥氈車之狀。渡水則束薪爲筏，〔四九〕或有以皮爲舟者。馬則織草爲鞴，結繩爲轡。寢則屈木爲室，以蘧蒢覆上，移則載行。〔五〇〕以豬皮爲蓆，編木藉之。氣候多寒，田收甚薄。無羊，少馬，多豬、牛。造酒、食噉、〔五一〕言語與靺鞨同。婚姻之法，二家相許，婿輒盜婦去，然後送牛馬爲聘。婦人不再嫁，以爲死人之妻，難以共居。〔五二〕部落共爲大栅，人死則置尸其上，居喪三年。其國無鐵，取給于高麗。

【校勘記】

〔四八〕至夏則移向西貸勃欠對二山　“貸”，底本作“縜”，據宋版、萬本及《北史·室韋傳》《隋書·北狄傳》《通典·邊防一六》《新唐書·北狄傳》改。又“西”，《北史》作“北”，《隋書》作“西北”。

〔四九〕渡水則束薪爲筏　“筏”，《庫》本及《册府元龜》卷九六一同；宋版、萬本及《北史·室韋傳》《隋書·北狄傳》《通典·邊防一六》《唐會要》卷九六皆作“栰”，是。

〔五〇〕移則載行　“移”，底本作“行”，據宋版、萬本、

《庫》本、傅校及《北史·室韋傳》《隋書·北狄傳》《通典·邊防一六》《唐會要》卷九六改。

〔五一〕食噉　"噉",底本脱,據宋版、傅校及《隋書·北狄傳》《通典·邊防一六》《册府元龜》卷九六一補。萬本、《庫》本誤作"敢"。

〔五二〕難以共居　"以",底本作"與",據宋版、萬本、《庫》本、傅校及《北史·室韋傳》《隋書·北狄傳》《通典·邊防一六》《册府元龜》卷九六一改。

頁三八一三至三八一五、三八二六至三八二九

《册府元龜》卷九五六《外臣部·種族·室韋》

室韋者,契丹之别種也。其國無君長,有大首領十七人,並號莫賀弗,世管攝之,而附於突厥。至唐有九部焉,所謂嶺西室韋、山北室韋、黄頭室韋並大如者室韋、小如者室韋、婆萵烏戈切室韋、訥北室韋、駱駝室韋,並在柳城郡之東北,近者二千五百里,遠者六千二百里,其北大山之北,曰大室韋。

頁一一二五四下

《册府元龜》卷九五八《外臣部·國邑二·室韋》

南室韋,在契丹北三千里,分爲二十五部,每部有餘莫弗瞞咄,猶酋長也。

北室韋,在南室韋北,行十一日。其國分爲九部落,繞吐紇山而居。其部落渠帥號乞引莫賀咄,每部有莫何弗三人以貳之。

鉢室韋,在北室韋北千里,依胡布山而住。人衆多北室

韋，不知爲幾部落。

　　大室韋，在鉢室韋西北數千里。

頁一一二七八下至一一二七九上

《册府元龜》卷九六一《外臣部·土風三·室韋》

　　南室韋，契丹別部也，在契丹北三千里。土地卑濕，至夏則移向西北貸勃、欠對二山，多草木，饒禽獸。又多蚊蚋，人皆巢居，以避其患。俗，丈夫皆被髮，婦女盤髮，衣服與契丹同。乘牛車，蘧篨爲屋，如突厥氈車之狀。渡水則束薪爲筏，或有以皮爲舟者。馬則織草爲韉，結繩爲轡。寢則屈木爲屋，以蘧篨覆上，移則載行。以猪皮爲席。婦人抱膝而坐。氣候多寒，田收甚薄。無羊，少馬，多猪、牛。造酒食啖，與靺鞨同俗。婚嫁之法，二家相許，婿輒盜婦將去，然後送牛馬爲聘，更將婦家，待有娠，乃相隨還舍。婦人不再嫁，以爲死人之妻，難以共居。部落共爲大棚，人死則置尸其上。居喪三年，唯四哭。其國無鐵，取給於高麗。多貂。兵器有弓、楛矢。尤善射，時聚弋獵，事畢而散。其人土著，無賦斂。或爲小室，以皮覆上。相聚而居，至數十百家。剡木爲梨，不加金刃，人牽以種，不解用牛。夏多霧雨，冬多霜雹。畜宜犬豕，養豢而啖之。其皮用以爲韋，男子女人通以爲服。被髮左衽，其家富者項著五色雜珠。婚嫁之法，男先就女舍，三年役力，因得親迎其婦，役日既滿，女家分其財物，夫婦同車而載，鼓舞共歸。

　　北室韋，亦契丹別部也。氣候最寒，雪深没馬，冬則入山，居土穴中，牛畜多凍死。饒麋鹿，射獵爲務，食肉衣皮。

鑿冰，没水中而網射魚鼈。地多積雪，懼陷坑阱，騎木而行。俗皆捕貂爲業，冠以狐貉，衣以魚皮。

頁一一三一三上至下

《新唐書》卷二百一十九《列傳第一百四十四·北狄·室韋》

室韋，契丹别種，東胡之北邊，蓋丁零苗裔也。地據黄龍北，傍猺越河，直京師東北七千里，東黑水靺鞨，西突厥，南契丹，北瀕海。其國無君長，惟大酋，皆號"莫賀咄"，攝筦其部而附于突厥。小或千户，大數千户，濱散川谷，逐水草而處，不税斂。每弋獵即相嘯聚，事畢去，不相臣制，故雖猛悍喜戰，而卒不能爲强國。剡木爲犁，人挽以耕，田穀甚褊。其氣候多寒，夏霧雨，冬霜雹。其俗，富人以五色珠垂領，婚嫁則男先傭女家三歲，而後分以産，與婦共載，鼓舞而還。夫死，不再嫁。每部共構大棚，死者置尸其上，喪期三年。土少金鐵，率資於高麗。器有角弓、楛矢，人尤善射。每溽夏，西保貸勃、次對二山。山多草木鳥獸，然苦飛蚊，則巢居以避。酋帥死，以子弟繼，無則推豪桀立之。率乘牛車，蘧蒢爲室，度水則束薪爲桴，或以皮爲舟。馬皆草鞿、繩羈靮。所居或皮蒙室，或屈木以蘧蒢覆，徙則載而行。其畜無羊少馬，有牛不用，有巨豕食之，韋其皮爲服若席。其語言，靺鞨也。

分部凡二十餘。曰嶺西部、山北部、黄頭部，强部也；大如者部、小如者部、婆萵部、訥北部、駱丹部：悉處柳城東北，近者三千，遠六千里而贏。最西有烏素固部，與回紇接，當俱倫泊之西南。自泊而東有移塞没部；稍東有塞曷支部，最强部也,居啜河之陰,亦曰燕支河;益東有和解部、烏羅護部、那禮部、嶺西部,直北曰訥比支部。北有大山,山外曰大室韋,瀕於室建河。〔四〕河出俱倫,迆而東,河南有蒙瓦部,其北落坦部;水東合那河、忽汗河,又東貫黑水靺鞨,故靺鞨跨水有南北部,而東注於海。猛越河東南亦與那河合,其北有東室韋,蓋烏丸東南鄙餘人也。

【校勘記】

〔四〕室建河　"室",《舊書》卷一九九下《室韋傳》作"望",《唐會要》卷九六"室""望"並見。

貞觀五年,始來貢豐貂,後再入朝。長壽二年叛,將軍李多祚擊定之。景龍初,復朝獻,請助討突厥。開元、天寶間,凡十朝獻,大曆中十一。貞元四年,與奚共寇振武,節度使唐朝臣方郊勞天子使者,驚而走軍,室韋執詔使,大殺掠而去。明年,使者來謝。大和中三朝獻,大中中一來,咸通時,大酋恒烈與奚皆遣使至京師,然非顯夷後,史官失傳。

頁六一七六至六一七七、六一八四

《通志》卷二百《四夷七·室韋》

室韋,後魏末通焉。其國在勿吉北千里,去洛陽六千里。"室"或爲"失",蓋契丹之類。其南者爲契丹,在北者號爲室韋。路出和龍北千餘里,入契丹國。又北行十日至啜水,又北行三日有善水,又北行三日有犢子山,其山高大,周回三百餘里。又北行三百里,有大水,名曰屈利。又北行三日至刃水,又北行五日到其國。有大水從北來,廣四里餘,名捺水。國人音語與庫莫微、豆莫婁國同。地宜粟麥及穄,又多貂皮。

夏則城居,冬逐水草。丈夫索髮,用角弓,其箭尤長。婦女束髮,作義手髻。其國少竊盜,盜一徵三,殺人者責三百匹。男女悉衣白鹿皮襦袴。有麯釀酒。俗愛赤珠,爲婦人飾,穿掛於頸,以多爲貴。女不得此,乃至不嫁。東魏武定二年,始遣使張烏豆伐等來獻方物。迄齊,世朝聘不絶。

其後分爲五部,不相總一,所謂南室韋、北室韋、深末怛室韋、大室韋。并無君長,人衆貪弱,突厥沙鉢略可汗常以吐屯潘垤統領之。

南室韋在契丹北三千里,土地卑濕,至夏則移向北貸敪、欠對二山,多草木,饒禽獸,又多蚊蚋,人皆巢居,以避其患。漸分爲二十五部,每部有餘莫弗瞞咄,猶酋長也。死則子弟代之,絶嗣則擇賢豪而立之。其衣服與契丹同。乘牛車,以蘧蒢爲屋,如突厥氊車之狀。渡水則束薪爲栰,或有以皮爲舟者。馬則織草爲韀,結繩爲轡。寢則屈木爲室,以蘧蒢覆上,移則載行。以猪皮爲席,編木爲籍。婦女皆抱膝而坐。地力薄,田收甚微。無羊,少馬,多猪、牛,與靺鞨同俗。婚嫁之法,二家相許竟,輒盜婦將去,然後送牛馬爲聘,更將婦歸家,待有娠,乃相隨還舍。婦人不再嫁,以爲死人之妻難以與居。部落共爲大棚,人死則置之棚上。居喪三年,唯四哭。其國無鐵,取給於高麗。

自南室韋北行十一日至北室韋,分爲九部落,繞吐紇山而居。其部落渠帥號乞引莫賀咄,每部有莫何弗三人以貳之。氣候最寒,雪深沒馬。冬則入山居土穴,牛畜多凍死。饒麈鹿,以射獵爲務。食肉,衣皮,鑿冰沒水中而網取魚鼈。地多積雪,懼陷坑阱,騎木而行,倚即止。俗皆捕貂爲業,冠

以狐貂，衣以魚皮。又北行千里至鉢室韋，依胡布山而往，人
衆多於北室韋，不知爲幾部落。用樺皮蓋屋，其餘同北室韋。
從北室韋西南四日行，至深未怛室韋，因水爲號。冬月穴居，
以避太陰之氣。又西北數千里至大室韋，徑路險阻，言語不
通。尤多貂皮、青鼠。北室韋時遣使貢獻，餘無至者。

　　隋開皇、大業間，并來朝貢。唐時，所聞則又分爲數部
焉，有謂嶺西室韋、山北室韋、黃頭室韋、大如者室韋、小如者
室韋、婆萵室韋、訥北室韋、駱丹室韋，悉處柳城郡之東北，
近者三千五百里，遠者六千二百里。貞觀五年，始獻豐貂，後
再入貢。長壽二年叛，將軍李多祚擊定之。景龍元年，修貢
如初。開元、天寶間，十。大曆間，十一朝獻。貞元四年，寇
振武。明年，遣使謝罪。太和間，三。大中間，一朝獻。咸通
時，大酋怛列通表至京師，以非顯夷，史略其事云。

　　　　　　　　　　頁三二一四下至三二一五中

《契丹國志》卷二十六《諸蕃記·室韋國》

　　室或爲“失”，蓋契丹之類，其南者爲契丹，在北者號爲室
韋。路出和龍北千餘里，入契丹國。〔二〕與奚、契丹同。夏則
城居，冬逐水草，有南室韋、北室韋。其俗，丈夫皆披髮，婦人
皆盤髮，衣服與契丹同，乘牛車，以蘧蒢爲屋，如氊車狀。度
水，則束薪爲栿，或有以皮爲舟者。馬則織草爲韀，結繩爲
轡。氣候多寒，田收甚薄。〔三〕惟麏鹿射獵爲務，〔四〕食肉衣
皮，鑿冰没水中，而網取魚鼈。地多積雪，懼陷阬阱，騎木而
行。〔五〕太祖併諸番三十六國，室韋在其中。

【校勘記】

〔二〕路出和龍北千餘里入契丹國　案：此語實出《魏書·失韋傳》與《北史·室韋傳》，席本改契丹國爲室韋國，非是。

〔三〕田收甚薄　“甚”原誤“其”，據席本改。

〔四〕惟麏鹿射獵爲務　此并《北史·室韋傳》：“饒麏鹿，射獵爲務”而成句，席本改作“惟射獵麏鹿爲務”，非原文也。

〔五〕騎木而行　案此亦本自上引《室韋傳》，席本改“騎”爲“倚”，誤。

頁二七三至二七四、二七八

《文獻通考》卷三百四十七《四裔二十四·室韋》

室韋有五部，後魏末通焉。並在靺羯之北，路出柳城，諸部不相總一。所謂南室韋、北室韋、鉢室韋、深末怛室韋、大室韋。並無君長，人衆貧弱。突厥沙鉢畧可汗常以吐屯潘垤統領之，蓋契丹之類也。其南者爲契丹，在北者號室韋。南室韋在契丹北三千里。《後魏書》云：自契丹路經啜水、蓋水、犢了山，其山周回三百里。又經屈利水，始到其國。土地卑濕，至夏則移向西貸勃、欠對二山。多草木，饒禽獸。又多蚊蚋，人皆巢居以避其患。後漸分爲二十五部有餘。莫不滿咄猶酋長也，死則子弟代立之，嗣絶則擇賢豪而立之。盤髮衣服與契丹同，乘牛車，蘧蒢爲室，如突厥氈車之狀。渡水則束薪爲栰，或有以皮爲舟者。馬則織草爲韂，結繩爲轡。寢則屈木爲室，以蘧蒢覆上，移則載行。以猪皮爲席，編木籍之。氣候多寒，田收甚薄，無羊，少馬，多猪、牛，造酒食啖。言語與靺羯同。婚嫁之法，二家相許，婿輒盜婦去，然後送牛馬爲聘。婦人不再嫁，以爲死人妻，難以共居。部落共爲大栅，人死則置尸其上，居喪而三年。其國無鐵，取給於高麗。自南室韋北行十一日至北室韋，分爲九部落，其部落渠帥號乞引莫賀咄。氣候最寒，冬則入山居穴中，牛畜多凍死。饒麞鹿，射獵爲務。鑿冰，没水中而網射魚鼈。地多積雪，懼陷坑阱，騎木而行。俗皆捕貂爲業，冠以狐貉，衣以魚皮。北行千里至鉢室韋，依胡布山而住，人衆多於北室韋，不知爲幾部落。用樺皮蓋屋，其餘同北室韋。從鉢室韋西四日行至深末怛室韋，因水爲號也。冬月穴居，以避太陰之氣。又西北數十里至大室韋，徑路險阻，言語不通。尤多貂及青鼠。北室韋後魏武定、隋開皇大業中，並遣使朝獻，餘無至者。唐所聞有九部，曰嶺西室韋、北室韋、黄頭室韋、大如者室韋、小如者室韋、訥婆萬室韋、達木室韋、駱駝室韋，並在柳城郡之東。近者三千五百里，遠者六千二百里。貞觀五年，始來貢豐貂。後再入朝，長壽二年叛，將軍李多祚擊定之。景龍初，復朝獻，請助討突厥。開元、天寶閒，凡十朝獻。大曆中，十一。貞元四年，與奚共寇振武，殺掠而去。大和中，三朝獻。大中中，一來。咸通時，大酋坦烈與奚皆遣使至京師，然非顯夷，後史官失傳。

頁二七一七上至中

烏洛侯專傳

《魏書》卷一百《列傳第八十八·烏洛侯》

烏洛侯國，在地豆于之北，去代都四千五百餘里。其土下濕，多霧氣而寒，民冬則穿地爲室，夏則隨原阜畜牧。多豕，有穀麥。無大君長，部落莫弗皆世爲之。其俗繩髮，皮服，以珠爲飾。民尚勇，不爲姦竊，故慢藏野積而無寇盜。好獵射。樂有箜篌，木槽革面而施九弦。其國西北有完水，東北流合于難水，其地小水皆注於難，東入于海。又西北二十日行有于巳尼大水，所謂北海也。世祖真君四年來朝，稱其國西北有國家先帝舊墟，石室南北九十步，東西四十步，高七十尺，室有神靈，民多祈請。世祖遣中書侍郎李敞告祭焉，刊祝文於室之壁而還。

頁二二二四

《北史》卷九十四《列傳第八十二·烏洛侯》

烏洛侯國在地豆干北，去代都四千五百餘里。其地下濕，多霧氣而寒。人冬則穿地爲室，夏則隨原阜畜牧。多豕，有穀、麥。無大君長，部落莫弗，皆世爲之。其俗，繩髮，皮服，以珠爲飾。人尚勇，不爲姦竊，故慢藏野積而無寇盜。好射獵。樂有箜篌，木槽革面而施九弦。其國西北有完水，東北流合於難水，其小水，皆注於難，東入海。又西北二十日行，有于巳尼大水，所謂北海也。

太武真君四年來朝，〔七四〕稱其國西北有魏先帝舊墟石室，南北九十步，東西四十步，高七十尺，室有神靈，人多祈請。太武遣中書侍郎李敞告祭焉，刊祝文於石室之壁而還。

【校勘記】

〔七四〕太武真君四年來朝　諸本脱“來”字，據《魏書》卷一〇〇、《通志》卷二〇〇《烏洛侯國傳》補。

頁三一三二、三一四六

《通典》卷第二百《邊防十六·北狄七·烏洛侯》〔二八〕

烏洛侯亦曰烏羅渾國，後魏通焉。在地豆于之北，其土下濕，多霧氣而寒，冬則穿地爲室，夏則隨原阜畜牧。〔二九〕多豕，有穀麥。無大君長，部落莫弗皆代爲之。其俗繩髮，皮服，以珠爲飾。人尚勇，不爲姦竊，故慢藏野積而無寇盜。好獵射。樂有胡空侯，木槽革面而九絃。其國西北有完水，〔三〇〕東流合於難水，東入於海。又西北二十日行有于巳尼大水，所謂北海也。太武帝真君四年來朝，稱其國西北有魏先帝舊墟石室，南北九十步，東西四十步，〔三一〕高七十尺，室有神靈，人多祈請。太武帝遣中書侍郎李敞告祭焉，刻祝文於石室之壁而還。〔三二〕

【校勘記】

〔二八〕烏洛侯　“洛”原作“落”，據明抄本、朝鮮本改。下同。

〔二九〕夏則隨原阜畜牧 "畜牧"原脱,據《魏書‧烏洛侯傳》二二二四頁、《北史‧烏洛侯傳》三一三二頁、《太平寰宇記》卷一九九補。

〔三〇〕完水 原訛"貌水",據《魏書‧烏洛侯傳》二二二四頁、《北史‧烏洛侯傳》三一三二頁、《太平寰宇記》卷一九九改。按:明抄本、明刻本訛作"皃",朝鮮本、王吳本、殿本、局本因而作"貌"。皃貌古今字。

〔三一〕東西四十步 "四十"原倒作"十四",據《魏書‧烏洛侯傳》二二二四頁、《北史‧烏洛侯傳》三一三二頁、《太平寰宇記》卷一九九乙正。

〔三二〕刻祝文於石室之壁而還 "壁"原訛"北",據《魏書‧烏洛侯傳》二二二四頁、《北史‧烏洛侯傳》三一三二頁、《太平寰宇記》卷一九九改。

大唐貞觀六年,遣使朝貢云。烏羅渾國亦謂之烏護,乃言訛也。東與靺鞨,西與突厥,〔三三〕南與契丹,北與烏丸爲鄰,風俗與靺鞨同。

【校勘記】

〔三三〕西與突厥 四字原脱,據《舊唐書‧北狄傳》五三六四頁補。

頁五四八九、五五〇六至五五〇七

《舊唐書》卷一百九十九下《列傳第一百四十九下‧北狄‧烏羅渾國》

烏羅渾國,蓋後魏之烏洛侯也,今亦謂之烏羅護,其國在京師東北六千三百里。東與靺鞨,西與突厥,南與契丹,北與烏丸接。風俗與靺鞨同。貞觀六年,其君長遣使獻貂皮焉。

頁五三六四

《唐會要》卷九十九《烏羅渾國》

烏羅渾,蓋後魏烏洛侯也,今亦謂之烏羅護。東與靺鞨,南與契丹,北與烏丸爲鄰。風土與靺鞨同。

貞觀六年。朝貢使至。

頁一七七一

《太平寰宇記》卷一百九十九《四夷二十八·北狄十一·烏洛侯》^{〔五三〕}

烏洛侯。亦曰烏羅渾國,後魏通焉。在地豆于之北。太武帝真君四年來朝,稱其國西北有魏先帝舊墟石室,南北九十步,東西四十步,高七十尺,室有神靈,人多祈請。^{〔五四〕}太武帝遣中書侍郎李敞告祭焉,刊祝文于石室之壁而還。貞觀六年,遣使朝貢云。烏羅渾國,亦謂之烏護,乃言訛也。

【校勘記】

〔五三〕烏洛侯　“洛”,底本作“落”,萬本、《庫》本同,據宋版及《魏書》卷一〇〇《烏洛侯傳》《北史》卷九四《烏洛侯傳》《通典·邊防一六》《舊唐書·北狄傳》改。本書卷目録及下文同改。

〔五四〕人多祈請　“請”底本作“禱”,據宋版、萬本、《庫》本及《魏書·烏洛侯傳》《北史·烏洛侯傳》《通典·邊防一六》改。

四至:東與靺鞨,南與契丹,北與烏丸鄰。^{〔五五〕}地當地豆于之北。

【校勘記】

〔五五〕東與靺鞨南與契丹北與烏丸鄰　底本“靺鞨”下衍“接”字，“丸”作“桓”，並據宋版、萬本、《庫》本及《通典·邊防一六》《舊唐書·北狄傳》刪改。傳校亦作“丸”。又《舊唐書》云：“東與靺鞨，西與突厥，南與契丹，北與烏丸接。”此蓋脫“西與突厥”四字。

土俗物産：其土下濕，多霧氣而寒，人冬則穿地爲室，〔五六〕夏則隨原阜畜牧。多豕，有穀麥。無大君長，部落莫弗皆代爲之。其俗繩髮，皮服以珠爲飾。人尚勇，不爲奸竊，故慢藏野積而無寇盜。好射獵。〔五七〕樂有胡箜篌，木槽革面而九絃。其俗大類靺鞨。

【校勘記】

〔五六〕人冬則穿地爲室　“人”，底本脫，萬本同，據宋版及《北史·烏洛侯傳》補。《魏書·烏洛侯傳》作“民”，此與《北史》避唐太宗李世民諱而改。《庫》本作“入”，誤。

〔五七〕好射獵　“射獵”，宋版、萬本、《庫》本皆作“獵射”。下拔悉彌條“射獵”同。

完水，在其國西北，東北流合于難水。《蕃中記》云：“完水即烏丸水也。”〔五八〕難水即那河，其地水小，〔五九〕皆注于此，東入于海。

【校勘記】

〔五八〕烏丸水　“丸”，底本作“桓”，據宋版、萬本、《庫》本及傳校改。

〔五九〕其地水小　“地”，萬本、《庫》本及《魏書·烏洛侯傳》同，宋版、中大本皆作"他"。

北水，國西北二十日行有于巳尼水，[六〇] 即謂之北海
是也。

【校勘記】

〔六〇〕于巳尼水　"于"，底本作"干"，據宋版及《魏
書·烏洛侯傳》《北史·烏洛侯傳》《通典·邊防一六》改。

頁三八一六至三八一七、三八二九至三八三〇

《新唐書》卷二百一十七下《列傳第一百四十二下·回鶻下附烏羅渾》

太宗時，北狄能自通者，又有烏羅渾，或曰烏洛侯，曰烏羅護，直京師東北六千里而贏，東靺鞨，西突厥，南契丹，北烏丸，大抵風俗皆靺鞨也。烏丸或曰古丸。

頁六一四六

《通志》卷二百《四夷七·烏洛侯》

烏洛侯，後魏時通焉。在地豆于北，去代都四千五百餘里，其地下濕，多霧氣而寒。民冬則穿地爲室，夏則隨原阜畜牧，多豕，有穀、麥。無大君長，部落莫弗皆世爲之。其俗繩髮，皮服，以珠爲飾。人尚勇，不爲姦竊。故慢藏野積而無寇盜。好射獵，樂有箜篌，木槽革面而施九絃。其國西北有完水，東北流合於難水，其小水皆注於難水，東入于海。又西北二十日行，有于巳尼大水，所謂北海也。

魏太武太平真君四年來朝，稱其國西北有魏先帝舊墟石室，南北九十步，東西四十步，高七十尺，室有神靈，人多祈

請。太武遣中書侍郎李敞告祭焉，刻祝文於石室之壁而還。

唐貞觀六年遣使朝貢。云烏羅渾國亦謂之烏護，皆烏洛侯音之訛也。東與靺鞨，南與契丹，北與烏丸爲鄰，風俗與靺鞨同。

頁三二一五中

《文獻通考》卷三百四十七《四裔二十四·烏洛侯》

烏洛侯，亦曰烏羅渾國，後魏通焉。在地豆于之北，其土下濕，多霧氣而寒。冬則穿地爲室，夏則隨原阜。多豕，有穀、麥。無大君長，部落莫弗皆代爲之。其俗繩髮，皮服，以珠爲飾。人尚勇，不爲姦竊，故慢藏野積而無寇盜。好獵射，樂有胡空侯，木槽革面而九絃。其國西北有完水，東流合於難水，東入於海。入西北二十日行，有于已尼大水，所謂北海也。

太武帝真君四年來朝，稱其國西北有魏先帝舊墟石室，南北九十步，東西十四步，高七十尺，室有神靈，人多祈請。

太武帝遣中書侍郎李敞祭告焉，刻祝文於石室之北而還。唐貞觀六年，遣使朝貢。

云烏羅渾國亦謂之烏護，乃言訛也。東與靺羯，南與契丹，北與烏丸爲鄰。風俗與靺羯同。

頁二七一七

散見史料繫年録

公元四四三年　北魏太武帝太平真君四年
宋文帝元嘉二十年

壬戌，烏洛侯國遣使朝貢。

《魏書》卷四下《世祖紀第四下》頁九五

　　魏先之居幽都也，鑿石爲祖宗之廟於烏洛侯國西北。自後南遷，其地隔遠。真君中，烏洛侯國遣使朝獻，云石廟如故，民常祈請，有神驗焉。其歲，遣中書侍郎李敞詣石室，告祭天地，以皇祖先妣配。祝曰："天子燾謹遣敞等用駿足、[①]一元大武敢昭告于皇天之靈。自啓闢之初，祐我皇祖，于彼土田。歷載億年，聿來南遷。惟祖惟父，光宅中原。克翦凶醜，拓定四邊。冲人纂業，德聲弗彰。豈謂幽遐，稽首來王。具知舊廟，弗毀弗亡。悠悠之懷，希仰餘光。王業之興，起自皇

---

①此處中華書局點校本《魏書》無校勘記，中華書局點校修訂本《魏書》校勘記三〇〇六至三〇〇七頁：天子燾　按嘎仙洞石壁所刻太平真君四年祝文，與此處所錄文句稍異，今不一一出校。唯此句石刻作"天子臣燾"。按皇帝祭天，祭祖自稱"臣"，此處"臣"字不當省，疑是脫去。

祖。綿綿瓜瓞，時惟多祜。敢以丕功，配饗于天。子子孫孫，
福祿永延。"敞等既祭，斬樺木立之，以置牲體而還。後所立
樺木生長成林，其民益神奉之。咸謂魏國感靈祇之應也。石
室南距代京可四千餘里。

　　　　《魏書》卷一百八之一《禮志一》頁二七三八至二七三九

　　壬戌，烏洛侯國遣使如魏。烏洛侯國在地豆于國北，去代
四千五百餘里。地豆于在室韋西千餘里，室韋當勿吉之北，勿吉在高麗
之北，則烏洛侯東夷也。使，疏吏翻。初，魏之居北荒也，鑿石爲
廟，在烏洛侯西北，以祀其先，高七十尺，深九十步。度高曰高，
音居號翻。度深曰深，音式禁翻。及烏洛侯使者至魏，言石廟具
在，魏主遣中書侍郎李敞詣石廟致祭，刻祝文於壁而還，去平
城四千餘里。

　　　　《資治通鑑》卷一百二十四《宋紀六》頁三八九九

公元五四四年　東魏孝静帝武定二年　西魏文帝大統十年　梁武帝大同十年

夏四月，室韋國遣使朝貢。

　　　　《魏書》卷十二《孝静紀第十二》頁三〇七

　　是歲，吐谷渾、地豆干、室韋、高麗、蠕蠕、勿吉等並遣使
朝貢。

　　　　《北史》卷五《魏本紀第五》頁一九二

　　二年，吐谷渾、地豆于、室韋、高麗、蠕蠕、勿吉，並遣使

朝貢。

　　　　《册府元龜》卷九六九《外臣部‧朝貢二》頁一一三九三

公元五四六年　東魏孝静帝武定四年　西魏文帝大統十二年　梁武帝大同十二年

是歲，室韋、勿吉、地豆于、高麗、蠕蠕國，並遣使朝貢。

　　　　　　《魏書》卷十二《孝静紀第十二》頁三○八

是歲，室韋、勿吉、地豆干、高麗、蠕蠕並遣使朝貢。

　　　　　　《北史》卷五《魏本紀第五》頁一九三

四年，室韋、地豆于、勿吉、高麗、蠕蠕，並遣使朝貢。

《册府元龜》卷九六九《外臣部‧朝貢二》頁一一三九三

公元五四八年　東魏孝静帝武定六年　西魏文帝大統十四年　梁武帝太清二年

是歲，高麗、室韋、蠕蠕、吐谷渾國並遣使朝貢。

　　　　　　《魏書》卷十二《孝静紀第十二》頁三一一

是歲，高麗，室韋、蠕蠕、吐谷渾並遣使朝貢。

　　　　　　《北史》卷五《魏本紀第五》頁一九四

六年，高麗、室韋、蠕蠕、吐谷渾並遣使朝貢。

《册府元龜》卷九六九《外臣部‧朝貢二》頁一一三九三

公元五四九年　東魏孝静帝武定七年　西魏文帝大統十五年　梁武帝太清三年

是歲,蠕蠕、地豆于、室韋、高麗、吐谷渾國並遣使朝貢。

　　　　《魏書》卷十二《孝静紀第十二》頁三一二

是歲,蠕蠕、地豆于、室韋、高麗、吐谷渾並遣使朝貢。

　　　　《北史》卷五《魏本紀第五》頁一九五

七年,蠕蠕、地豆于、室韋、高麗、吐谷渾並遣使朝貢。

《册府元龜》卷九六九《外臣部·朝貢二》頁一一三九三

公元五五一年　北齊文宣帝天保二年　西魏文帝大統十七年　梁簡文帝大寶二年

閏月乙丑,室韋國遣使朝貢。

　　　　《北齊書》卷四《帝紀第四·文宣》頁五五

是歲,蠕蠕、室韋、高麗並遣使朝貢。

　　　　《北史》卷七《齊本紀中第七》頁二四九

二年二月,茹茹國,四月,室韋國,五月,高麗,七月,茹茹、吐谷渾並遣使朝貢。

《册府元龜》卷九六九《外臣部·朝貢二》頁一一三九三

公元五五二年　北齊文宣帝天保三年　西魏廢帝元年　梁元帝承聖元年

丙申,室韋國遣使朝貢。

　　　　　《北齊書》卷四《帝紀第四·文宣》頁五六

三年二月,契丹,四月,室韋國並遣使朝貢。

《冊府元龜》卷九六九《外臣部·朝貢二》頁一一三九三

公元五六三年　北齊武成帝河清二年　北周武帝保定三年　陳文帝天嘉四年

壬申,室韋國遣使朝貢。

　　　　　《北齊書》卷七《帝紀第七·武成》頁九一

是歲,室韋、庫莫奚、靺羯、契丹並遣使朝貢。

　　　　　《北齊書》卷七《帝紀第七·武成》頁九二

壬申,室韋國遣使朝貢。

　　　　　《北史》卷八《齊本紀下第八》頁二八三

是歲,室韋、庫莫奚、靺鞨、契丹並遣使朝貢。

　　　　　《北史》卷八《齊本紀下第八》頁二八四

武成帝河清二年,室韋國、庫莫奚、靺鞨、契丹,並遣使朝貢。

　　《冊府元龜》卷九六九《外臣部·朝貢二》頁一一三九四

公元五六七年　北齊後主天統三年　北周武帝
天和二年　陳廢帝光大元年

冬十月,突厥、大莫婁、室韋、百濟、靺鞨等國各遣使
朝貢。

　　　　　　《北齊書》卷八《帝紀第八·後主》頁一〇〇

冬十月,突厥、大莫婁、室韋、百濟、靺鞨等國,各遣使
朝貢。

　　　　　　《北史》卷八《齊本紀下第八》頁二八九

三年十月,突厥、大莫婁、室韋、百濟、靺鞨等國,各遣使
朝貢。

　　《册府元龜》卷九六九《外臣部·朝貢二》頁一一三九四

公元五九三年　隋文帝開皇十三年

丙午,契丹、奚、霫、室韋並遣使貢方物。

　　　　《隋書》卷二《帝紀第二·高祖下》頁三七至三八

是歲,契丹、霫、室韋、靺鞨並遣使朝貢。

　　　　　《北史》卷十一《隋本紀上第十一》頁四一九

十三年正月,契丹、奚、霫、室韋,七月,靺鞨,並遣使貢
方物。

　　《册府元龜》卷九七〇《外臣部·朝貢三》頁一一三九五

公元六〇七年　隋煬帝大業三年

　　大業三年，煬帝幸榆林，欲出塞外，陳兵耀武，經突厥中，指于涿郡。仍恐染干驚懼，先遣晟往喻旨，稱述帝意。染干聽之，因召所部諸國，奚、霫、室韋等種落數十酋長咸萃。晟以牙中草穢，欲令染干親自除之，示諸部落，以明威重，乃指帳前草曰：“此根大香。”染干遽嗅之曰：“殊不香也。”晟曰：“天子行幸所在，諸侯躬親灑掃，耘除御路，以表至敬之心。今牙中蕪穢，謂是留香草耳。”染干乃悟曰：“奴罪過。奴之骨肉，皆天子賜也，得效筋力，豈敢有辭？特以邊人不知法耳，賴將軍恩澤而教導之。將軍之惠，奴之幸也。”遂拔所佩刀，親自芟草，其貴人及諸部爭放效之。乃發榆林北境，至于其牙，又東達于薊，長三千里，廣百步，舉國就役而開御道。帝聞晟策，乃益嘉焉。

　　《隋書》卷五十一《列傳第十六·長孫覽附從子熾、熾弟晟》頁一三三六

　　大業三年，煬帝幸榆林，欲出塞外，陳兵耀武，經突厥中，指于涿郡。仍恐染干驚懼，先遣晟往喻旨，稱述帝意。染干聽之，因召所部諸國，奚、霫、室韋等種落數十，酋長咸萃。晟見牙中草穢，欲令染干親自除之，示諸部落，以明威重。乃指帳前草曰：“此根大香。”染干遽取嗅之，曰：“殊不香也。”曰：“國家法，天子行幸所在，諸侯並躬親洒掃，耘除御路，以表至敬之心。今牙中蕪穢，謂是留香草耳。”染干乃悟，曰：“奴罪過！奴之骨肉，皆天子賜也。得效筋力，豈敢有辭？特以邊

人不知法耳。"遂拔所佩刀,親自芟草。其貴人及諸部落爭放
效之。乃發榆林北境,至于其牙,又東達于薊,長三千里,廣
百餘步,舉國就役而開御道。帝聞益喜焉。

　　《北史》卷二十二《列傳第十·長孫道生附長孫晟》頁
八二三

　　大業三年,煬帝幸榆林,欲出塞外,陳兵耀武,經突厥中,
抵于涿郡。仍恐染干驚懼,先遣晟往諭旨,稱述帝意。染干
聽之,因召所部諸國奚、霤、室韋等種落數十酋長咸萃。晟見
牙中草穢,欲令染干親自除之,示諸部落,以明威重,乃指帳
前草曰:"此根大香。"染干遽嗅之曰:"殊不香也。"晟曰:"天
子行幸所在,諸侯躬親灑掃,耘除御路,以表至敬之心。今牙
中蕪穢,謂是留香草耳?"染干乃悟曰:"奴罪過。奴之骨肉,
皆天子賜也,得效肋力,豈敢有辭。特以邊人不知法耳,賴將
軍恩澤而教導之。將軍之惠,奴之幸也。"遂拔所佩刀,親自
芟草,其貴人及諸部爭傚效之。乃發榆林北境,至于其牙,又
東達于薊,長三千里,廣百步,舉國就役而開御道。帝聞晟
策,乃益嘉焉。

　　《冊府元龜》卷六五二《奉使部·宣國威》頁七八一四至
七八一五

　　戊子,車駕頓榆林郡。時改勝州爲榆林郡。帝欲出塞耀兵,
徑突厥中,指于涿郡,厥,九勿翻。時改幽州爲涿郡。恐啓民驚
懼,先遣武衛將軍長孫晟諭旨。長,知兩翻。晟,承正翻。啓民奉
詔,因召所部諸國奚、霤、室韋等酋長數十人咸集。霤,居鮮卑

故地,保冷陘山南奥支水。室韋,契丹之類也;其南者爲契丹,其北者爲室韋。《新唐書》:室韋,蓋丁零苗裔也,地據黄龍北,傍猤越河。雷,而立翻。酋,才由翻。長,知兩翻。晟見牙帳中草穢,欲令啓民親除之,示諸部落,以明威重,乃指帳前草曰:“此根大香。”啓民遽嗅之,嗅,許救翻。曰:“殊不香也。”晟曰:“天子行幸所在,諸侯躬自灑掃,耕除御路,以表至敬之心;今牙内蕪穢,謂是留香草耳!”啓民乃悟曰:“奴之罪也!奴之骨肉皆天子所賜,得效筋力,豈敢有辭。特以邊人不知法耳,賴將軍教之;將軍之惠,奴之幸也。”遂拔所佩刀,自芟庭草。芟,所銜翻。其貴人及諸部爭效之。於是發榆林北境,至其牙,東達於薊,涿郡治薊。長三千里,長,直亮翻。廣百步,廣,古曠翻。舉國就役,開爲御道。帝聞晟策,益嘉之。

《資治通鑑》卷一百八十《隋紀四》頁五六三〇至五六三一

公元六一〇年　隋煬帝大業六年

六月辛卯,室韋、赤土並遣使貢方物。

《隋書》卷三《帝紀第三·煬帝上》頁七五

六月辛卯,室韋、赤土並遣使貢方物。

《北史》卷十二《隋本紀下第十二》頁四五五

六年三月,倭國,六月,室韋、赤土並遣使貢方物。

《册府元龜》卷九七〇《外臣部·朝貢三》頁一一三九六

公元六一八年　唐高祖武德元年

帝即位之五月,突厥遣使來。時突厥强盛,自契丹、室韋,西盡吐谷渾、高昌,諸國皆臣之。又恃功驕倨,每遣使至,多暴横,帝亦優容之。

　　　　　　《唐會要》卷九十四《北突厥》頁一六八七

時中國人避亂者多入突厥,突厥强盛,東自契丹、室韋,西盡吐谷渾、高昌,諸國皆臣之,契,欺訖翻,又音喫。吐,從暾入聲。谷,音浴。控弦百餘萬。

　　　　《資治通鑑》卷一百八十五《唐紀一》頁五七九二

公元六二九年　唐太宗貞觀三年

是年,霫國君長遣使貢方物,室韋遣使貢豐豹貂,自此朝貢不絶。

　　《册府元龜》卷九七〇《外臣部·朝貢三》頁一一三九七

師州　貞觀三年置,領契丹室韋部落,隸營州都督。萬歲通天元年,遷於青州安置。神龍初,改隸幽州都督。舊領縣一,户一百三十八,口五百六十八。天寶,户三百一十四,口三千二百一十五。

　　《舊唐書》卷三十九《志第十九·地理二》頁一五二三

師州貞觀三年以契丹、室韋部落置,僑治營州之廢陽師鎮,後僑治良鄉之東閭城。縣一:陽師。

　　《新唐書》卷四十三下《志第三十三下·地理七下·河

北道》頁一一二七

　　貞觀二年，葉護死，其國亂，乙失鉢孫曰夷男，率部帳七萬附頡利可汗。後突厥衰，夷男反攻頡利，弱之，於是諸姓多叛頡利，歸之者共推爲主，夷男不敢當。明年，太宗方圖頡利，遣游擊將軍喬師望儌路齎詔書、鼓纛，册拜夷男爲真珠毗伽可汗。夷男已受命，遣使謝，歸方物，乃樹牙鬱督軍山，直京師西北六千里，東靺鞨，西葉護突厥，南沙磧，北倶倫水，地大衆附，於是回紇等諸部莫不伏屬。其弟統特勒入朝，帝以精刀、寶鞭賜之曰："下有大過者，以吾鞭鞭之。"夷男以爲寵。頡利可汗之滅，塞隧空荒，夷男率其部稍東，保都尉楗山獨邏水之陰，遠京師繞三千里而贏，東室韋，西金山，南突厥，北瀚海，蓋古匈奴地也。勝兵二十萬，以二子大度設、突利失分將之，號南、北部。七年間，使者八朝。帝恐後强大爲患，欲產其禍，乃下詔拜其二子皆爲小可汗。

　　《新唐書》卷二百一十七下《列傳第一百四十二下·回鶻下》頁六一三四至六一三五

公元六三〇年　唐太宗貞觀四年

　　四年，平突厥頡利之後，朔塞空虛，夷男率其部東返故國，建庭於都尉揵山北，獨邏河之南，在京師北三千三百里，東至室韋，西至金山，南至突厥，北臨瀚海，即古匈奴之故地，勝兵二十萬，立其二子爲南北部。太宗亦以其强盛，恐爲後患。

　　《舊唐書》卷一百九十九下《列傳第一百四十九下·北狄·鐵勒》頁五三四四

　　薛萬淑爲右領軍,鎮黃龍。時突厥之亂也,萬淑遣契丹
渠帥貪没折諷諭北狄東國威靈,奚、霫、室韋等十餘部皆來降
附。太宗下書褒美。

　　　　《册府元龜》卷四二六《將帥部·招降》頁五〇七九

　　突厥既亡,營州都督薛萬淑遣契丹酋長貪没折説諭東北
諸夷,奚、霫、室韋等十餘部皆内附。説,輸芮翻;下同。霫,先立
翻。萬淑,萬均之兄也。

　　　　《資治通鑑》卷一百九十三《唐紀九》頁六〇八二

公元六三一年　　唐太宗貞觀五年

七月,室韋,九月,薛延陁並遣使貢方物。

《册府元龜》卷九七〇《外臣部·朝貢三》頁一一三九七

十一月,室韋、倭、黑水靺鞨,並遣使朝貢。

《册府元龜》卷九七〇《外臣部·朝貢三》頁一一三九八

公元六三二年　　唐太宗貞觀六年

十一月,薛延陁、室韋、靺鞨……並遣使朝貢。

《册府元龜》卷九七〇《外臣部·朝貢三》頁一一三九八

又烏羅渾國君長遣使獻貂皮。

《册府元龜》卷九七〇《外臣部·朝貢三》頁一一三九八

公元六三四年　唐太宗貞觀八年

八年四月,吐谷渾遣使朝貢,室韋、靺鞨渠帥並來朝。

《册府元龜》卷九七〇《外臣部·朝貢三》頁一一三九八

公元六三五年　唐太宗貞觀九年

九月,于闐、室韋、薛延陀、盤盤國,……並遣使來朝貢方物。

《册府元龜》卷九七〇《外臣部·朝貢三》頁一一三九八

公元六四六年　唐太宗貞觀二十年

上遣校尉宇文法詣烏羅護、靺鞨,烏羅護直京師東北六千里,一曰烏羅渾,即後魏之烏洛侯也。東鄰靺鞨,大抵風俗皆靺鞨也。將,即亮翻。驍,堅堯翻。契,欺訖翻。芯,毗必翻。校,戶教翻。靺鞨,音末曷。遇薛延陀阿波設之兵於東境,法帥靺鞨擊破之。

《資治通鑑》卷一百九十八《唐紀十四》頁六二三七

公元六四七年　唐太宗貞觀二十一年

二十一年六月,詔曰:"隋末喪亂,邊疆多被抄掠。今鐵勒並歸朝化,如聞中國之人先陷在蕃內者,流涕南望,企踵思歸。朕聞之惕然,深用惻隱。宜遣使往燕然等州,知見在没落人數,與都督相計,將物往贖,遠給程粮,送還桑梓。其室韋、烏羅護、靺羯等三部被延陀抄失家口者,亦令爲其贖取。"

《册府元龜》卷四二《帝王部·仁慈》頁四七八

丁丑,詔以"隋末喪亂,喪,息浪翻。邊民多爲戎、狄所掠,今鐵勒歸化,宜遣使詣燕然等州,使,疏吏翻;下同。燕,因肩翻。與都督相知,訪求没落之人,贖以貨財,給糧遞還本貫;其室韋、烏羅護、靺鞨三部人爲薛延陀所掠者,亦令贖還。"

　　　　《資治通鑑》卷一百九十八《唐紀十四》頁六二四八

公元六九四年　　武周延載元年

室韋反,《北史》曰:室韋蓋契丹之類,其南者爲契丹,在北者爲室韋。《新書》:室韋,契丹別種,東胡之北邊,蓋丁零苗裔也。地據黄龍,北傍猛越河,直京師東北七千里,東黑水靺鞨,西突厥,南契丹,北瀕海。其國無君長,惟大酋皆號莫賀咄,管攝其部而附于突厥。遣右鷹揚衛大將軍李多祚擊破之。

　　　　《資治通鑑》卷二百五《唐紀二十一》頁六四九三

公元七〇七年　　唐中宗景龍元年

景龍元年十一月,室韋首領,十二月,新羅,並遣使朝貢獻。

《册府元龜》卷九七〇《外臣部・朝貢三》頁一一四〇四

公元七〇九年　　唐中宗景龍三年

十月,室韋,並遣使貢方物。

《册府元龜》卷九七〇《外臣部・朝貢三》頁一一四〇四

公元七一一年　　唐睿宗景雲二年

十一月,靺鞨、室韋遣使獻方物。

《册府元龜》卷九七〇《外臣部・朝貢三》頁一一四〇四

公元七一三年　唐玄宗先天二年

二年正月,突厥,二月,新羅、室韋、吐蕃、處月、突厥、焉耆、于闐,六月,南天竺、新羅,各遣使朝貢。凡夷狄朝貢,太上皇皆御門樓以見之。

《册府元龜》卷九七一《外臣部·朝貢四》頁一一四〇五

公元七二三年　唐玄宗開元十一年

開元十一年,又有達末婁、達姤二部首領朝貢。達末婁自言北扶餘之裔,高麗滅其國,遣人度那河,因居之,或曰他漏河,東北流入黑水。達姤,室韋種也,在那河陰,涷末河之東,西接黃頭室韋,東北距達末婁云。

《新唐書》卷二百二十《列傳第一百四十五·東夷》頁六二一〇

公元七二五年　唐玄宗開元十三年

七月,室韋遣使來朝。

《册府元龜》卷九七一《外臣部·朝貢四》頁一一四〇七

公元七三〇年　唐玄宗開元十八年

薊州漁陽郡,下。開元十八年析幽州置。土貢:白膠。戶五千三百一十七,口萬八千五百二十一。縣三。有府二,曰漁陽、臨渠。南二百里有靜塞軍,本障塞軍,開元十九年更名;又有雄武軍,故廣漢川也。東北九十里有洪水守捉,又東北三十里有鹽城守捉,又東北渡灤河有古盧龍鎮,又有斗陘鎮。自古盧龍北經九荊嶺、受米城、張洪隘度石嶺至奚王帳六百里。又東北行傍吐護真河五百里至奚、契丹衙帳。又北百里至室韋帳。漁陽，中。神龍元年隸營州，開元四年還隸幽州。有平虜渠傍海穿漕，以避海難，又其北漲水爲溝，以拒契丹，皆神龍中滄州刺史姜師度開。三河，中。開元四年析潞置。北十二里有渠河塘。西北六十里有孤山陂，漑田三千頃。玉田。中。本無終，武德二年置，貞觀元年省，乾封二年復置，萬歲通天元年更名，神龍元年隸營州，開元四年還隸幽州，八年隸營州，十一年又隸幽州。有壕門、米亭、三谷、礓石、方公、白楊等七戍。

　　《新唐書》卷三十九《志第二十九·地理三》頁一〇二二

公元七三一年　　唐玄宗開元十九年

　　十九年二月，室韋、渤海、靺鞨、新羅並遣使來賀正。

　　《册府元龜》卷九七一《外臣部·朝貢四》頁一一四〇九

　　十月，……嶺西室韋遣使來朝。

　　《册府元龜》卷九七一《外臣部·朝貢四》頁一一四〇九

公元七三二年　　唐玄宗開元二十年

　　二十年，禮部尚書、信安王禕受詔討契丹，詔以耀卿爲副。俄又令耀卿賫絹二十萬匹分賜立功奚官，就部落以給之。耀卿謂人曰：“夷虜貪殘，見利忘義，今賫持財帛，深入寇境，不可不爲備也。”乃令先期而往，分道互進，一朝而給付並畢。時突厥及室韋果勒兵邀險，謀劫襲之，比至而耀卿已還。

　　《舊唐書》卷九十八《列傳第四十八·裴耀卿》頁三〇八〇

　　裴耀卿爲户部侍郎。玄宗開元二十年,禮部尚書信安王
禕受詔封契丹,詔以耀卿爲副。俄又令耀卿齎絹二十萬疋,
分賜立功奚官,就部落以給之。耀卿謂人曰:"夷虜貪殘,見
利忘義。今齎持財帛,深入寇境,不可不爲備也。"乃令先期
而往,分道互進,一朝而給付並畢。時突厥及室韋果勒兵邀
險,謀劫襲之。比至而耀卿已還。

　　　《册府元龜》卷六五五《奉使部·謀略》頁七八四九

　　開元二十年,副信安王禕討契丹,又持帛二十萬賜立功
奚官,耀卿曰:"幣涉寇境,不可以不備。"乃令先與期,而分
道賜之,一日畢。突厥、室韋果邀險來襲,耀卿已還。

　　　《新唐書》卷一百二十七《列傳第五十二·裴耀卿》頁四
四五二

　　六月,丁丑,加信安王禕開府儀同三司。上命裴耀卿齎
絹二十萬匹分賜立功奚官,耀卿謂其徒曰:"戎狄貪婪,婪,盧
含翻。今齎重貨深入其境,不可不備。"乃命先期而往,先,悉薦
翻。分道並進,一日,給之俱畢。突厥、室韋果發兵邀隘道,欲
掠之,比至,耀卿已還。比,必利翻。

　　　《資治通鑑》卷二百一十三《唐紀二十九》頁六七九八

公元七四二年　唐玄宗天寶元年

　　平盧節度使:理柳城郡,管兵三萬七千五百人,[二五]馬五千五百
疋,衣糧數失。鎮撫室韋、靺鞨,統平盧軍、柳城郡城内,開元初
置,管兵萬六千人,馬四千二百疋。盧龍軍、北平郡城内,管兵萬人,

馬五百疋,東去理所七百里。渝關守捉、柳城郡西四百八十里,管兵三千人,〔二六〕馬百疋,去理所二百二十里。安東都護府。西去柳城郡二百七十里,管兵八千五百人,馬七百疋。

【校勘記】

〔二五〕管兵三萬七千五百人 《通鑑》卷二一五胡注六八四九頁同。《舊唐書·地理志一》一三八七頁脱“三”。

〔二六〕管兵三千人 《通鑑》卷二一五胡注六八四九頁同。《舊唐書·地理志一》一三八七頁“千”訛“百”。

《通典》卷第一百七十二《州郡二·序目下》頁四四八一至四四八二、四四八九

平盧軍節度使,鎮撫室韋、靺鞨、統平盧、盧龍二軍,榆關守捉,安東都護府。平盧軍節度使治,在營州,管兵萬七千五百人,馬五千五百疋。平盧軍,在營州城内,管兵萬六千人,馬四千二百疋。盧龍軍,在平州城内,管兵萬人,馬三百疋。榆關守捉,在營州城西四百八十里,管兵三百人,馬百疋。安東都護府,在營州東二百七十里,管兵八千五百人,馬七百疋。

《舊唐書》卷三十八《志第十八·地理一》頁一二八七

平盧節度鎮撫室韋、靺鞨,統平盧、盧龍二軍,榆關守捉,安東都護府,屯營、平二州之境,治營州,兵三萬七千五百人。平盧軍在營州城内,兵萬六千人。盧龍軍在平州城内,兵萬人。榆關守捉在營州城西四百八十里,兵三千人。安東都護府在營州東二百里,兵八千五百人。靺鞨,音末曷。“榆”當作“渝”,注詳見上卷。

《資治通鑑》卷二百一十五《唐紀三十一》頁六八四九

平盧道：自西京經范陽節度，東至榆林關，至平盧此下舊抄本並脱去，以文淵閣本參張刻本補。節度，去西京二千七百里，去東京三千里，抵安東。渡遼水，路接奚、契丹、室韋、勃海、靺鞨、高麗、黑水。

　　　　《神機制敵太白陰經》卷三《雜儀類》頁七四

平盧節度鎮撫室韋、（靺）鞨，統平盧、盧龍二軍、榆關守捉、安東都護府，屯營、平二州之境，治營州，兵三萬七千五百人。

　　　　《文獻通考》卷五十九《職官十三·節度使》頁五三七

柳城　有龍山、鮮卑山，在縣東南二百里，棘城之東塞外亦有鮮卑山，在遼西之北一百里，未詳孰是。青山、石門山、白狼山、白狼水。又有漢交黎縣故城，在東南。其龍山，即慕容皝祭龍所也。有饒樂水、漢故徒河縣城、和龍城。室韋、靺鞨諸部並在東北，遠者六千里，近者二千餘里，西北與奚接，北與契丹相接。

　　　　《通典》卷第一百七十八《州郡八·古冀州》頁四七一六

柳城　漢縣，屬遼西郡。室韋、靺鞨諸部，並在東北。遠者六千里，近者二千里。西北與奚接界，北與契丹接界。

　　　　《舊唐書》卷三十九《志第十九·地理二》頁一五二一

領縣一：柳城有龍山、鮮卑山，在縣東北二百里，棘城之東塞外亦有鮮卑山，在遼西之北一百里，未詳孰是。青山、石門山、白狼山、白狼水。又有漢夫黎縣故城，在東南，其龍山，即慕容皝祭龍所也。有饒樂

水、故徒河縣、和龍城。室韋、靺鞨諸部並在東北,遠者六千里,近者二千
里餘。西北與奚接,北與契丹相接。

　　　　《文獻通考》卷三百十六《輿地二・營州》頁二四八三

公元七四五年　　唐玄宗天寶四載

四載二月,黄頭室韋,……並遣使獻方物。

　　　　《册府元龜》卷九七一《外臣部・朝貢四》頁一一四一一

回紇斥地愈廣,東際室韋,西抵金山,南跨大漠,盡有突
厥故地。史言回紇至此强盛。

　　　　《資治通鑑》卷二百一十五《唐紀三十一》頁六八六三

公元七四七年　　唐玄宗天寶六載

天寶六載十二月,九姓、堅昆及室韋,獻馬六十匹,令於
西受降城使納之。

　　　　　　　　　《唐會要》卷七十二《馬》頁一三〇三

六載正月,新羅、渤海、龜兹、于闐、焉耆、牂牁、雜姓平
蠻、黄頭室韋、黑水靺鞨,並遣使來賀正,各獻方物。

　　　　《册府元龜》卷九七一《外臣部・朝貢四》頁一一四一二

十二月,九姓堅昆及室韋獻馬六十匹,令西受降城使印
而納之。

　　　　《册府元龜》卷九七一《外臣部・朝貢四》頁一一四一二

公元七四八年　唐玄宗天寶七載

七載正月，黃頭室韋、和解室韋、賂丹室韋、如者室韋、黑水靺鞨等，並遣使朝貢。

《冊府元龜》卷九七一《外臣部‧朝貢四》頁一一四一二

三月，黑水靺鞨、黃頭室韋、和解室韋、如者室韋、賂丹室韋，並遣使獻金銀及六十綜布、魚牙紬、朝霞紬、牛黃、頭髮、人參。

《冊府元龜》卷九七一《外臣部‧朝貢四》頁一一四一二

公元七五〇年　唐玄宗天寶九載

九載正月，黑水靺鞨、黃頭室韋並遣使賀正。

《冊府元龜》卷九七一《外臣部‧朝貢四》頁一一四一三

公元七五一年　唐玄宗天寶十載

奚復叛，與契丹合，夾擊唐兵，殺傷殆盡。射祿山，中鞍，折冠簪，失履，獨與麾下二十騎走；會夜，追騎解，得入師州。貞觀三年，以室韋部落置師州，治營州之廢陽師鎮。復，扶又翻。射，而亦翻。中，竹仲翻。折，而設翻。

《資治通鑑》卷二百一十六《唐紀三十二》頁六九零八至六九零九

公元七五五年　唐玄宗天寶十四載

十一月，甲子，祿山發所部兵及同羅、奚、契丹、室韋凡

十五萬衆,號二十萬,反於范陽。《考異》曰:平致美《薊門紀亂》
曰:"自其年八月後,慰諭兵士,磨厲戈矛,頗異于常,識者竊怪矣。至是,
禄山勒兵夜發。將出,命屬官等謂曰:'奏事官胡逸自京回,奉密旨,遣禄
山將隨身兵馬入朝來,莫令那人知。群公勿怪,便請隨軍。'那人,意楊
國忠也。"

　　　　《資治通鑑》卷二百一十七《唐紀三十三》頁六九三四

公元七六七年　唐代宗大曆二年

　　九月,靺鞨、渤海、室韋……十二月,迴紇、渤海、契丹、室
韋等國,各遣使朝貢。

　　　　《册府元龜》卷九七二《外臣部·朝貢五》頁一一四一五

公元七六九年　唐代宗大曆四年

　　十二月,迴紇、吐蕃、契丹、奚、室韋、渤海、訶陵,並遣使
朝貢。

　　　　《册府元龜》卷九七二《外臣部·朝貢五》頁一一四一五

公元七七二年　唐代宗大曆七年

　　是秋稔。迴紇、吐蕃、大食、渤海、室韋、靺鞨、契丹、奚、
牂柯、康國、石國並遣使朝貢。

　　　　《舊唐書》卷十一《本紀第十一·代宗》頁三〇一

　　十二月,迴紇、吐蕃、大食、渤海、靺鞨、室韋、契丹、奚、牂
牁、康國、米國、九姓等,各遣使朝貢。

　　　　《册府元龜》卷九七二《外臣部·朝貢五》頁一一四一五

公元七七三年　唐代宗大曆八年

閏十一月,渤海、室韋並遣使來朝。

《册府元龜》卷九七二《外臣部·朝貢五》頁一一四一五

十二月,渤海、室韋、牂牁,並遣使來朝。

《册府元龜》卷九七二《外臣部·朝貢五》頁一一四一五

公元七七四年　唐代宗大曆九年

九年正月,室韋、渤海並來朝。

《册府元龜》卷九七二《外臣部·朝貢五》頁一一四一五

十二月,奚、契丹、渤海、室韋、靺鞨遣使來朝。

《册府元龜》卷九七二《外臣部·朝貢五》頁一一四一六

公元七七五年　唐代宗大曆十年

十年正月,渤海、契丹、奚、室韋、靺鞨、新羅,五月,渤海,六月,新羅、渤海,十二月,渤海、奚、契丹、室韋、靺鞨各遣使朝貢。

《册府元龜》卷九七二《外臣部·朝貢五》頁一一四一六

公元七七七年　唐代宗大曆十二年

渤海、奚、契丹、室韋、靺鞨並遣使朝貢。

《舊唐書》卷十一《本紀第十一·代宗》頁三一二

四月,牂牁、渤、奚、契丹、室韋、靺鞨,六月,契丹,八月,契丹,十二月,新羅、渤海、靺鞨、室韋、奚、契丹,並遣使來朝,各獻方物。

《册府元龜》卷九七二《外臣部·朝貢五》頁一一四一六

公元七八八年　　唐德宗貞元四年

己未,奚、室韋寇振武軍。

《舊唐書》卷十三《本紀第十三·德宗下》頁三六五

貞元四年七月,奚及室韋寇振武。

《舊唐書》卷一百九十九下《列傳第一百四十九下·北狄·奚》頁五三五六

己未,奚、室韋寇振武。

《新唐書》卷七《本紀第七·德宗》頁一九六

貞元四年,與室韋攻振武。後七年,幽州殘其衆六萬。德宗時,兩朝獻。

《新唐書》卷二百一十九《列傳第一百四十四·北狄·奚》頁六一七五

振武節度使唐朝臣不嚴斥候,己未,奚、室韋寇振武,李延壽曰:室韋,蓋契丹之在南者爲契丹,在北者爲室韋。宋祁曰:室韋,契丹別種,東胡北邊,蓋丁零苗裔也。地據黃龍北,傍猺越河,直長安東北七千里。東黑水、靺鞨,西突厥,南契丹,北瀕海。執宣慰中使二人,大掠人畜而去。時回紇之眾逆公主者在振武,朝臣遣七百騎與回紇數百騎追之,回紇使者爲奚、室韋所殺。

《資治通鑑》卷二百三十三《唐紀四十九》頁七五一四至七五一五

公元七九二年　唐德宗貞元八年

甲戌,牂柯、室韋、靺鞨皆遣使朝貢。

《舊唐書》卷十三《本紀第十三·德宗下》頁三七五

是月,室韋都督和解熱素等來朝。

《冊府元龜》卷九七二《外臣部·朝貢五》頁一一四一六

公元七九三年　唐德宗貞元九年

十二月,室韋大都督阿朱等三十人來朝貢。

《冊府元龜》卷九七二《外臣部·朝貢五》頁一一四一六

公元八〇三年　唐德宗貞元十九年

十九年,林胡率諸部雜種,浸淫於潭薊之北,公親統革車,會九國室韋之師以討焉。飲馬灤河之上,揚旌冷陘之北,戎王棄其國遁去。公署南部落刺史爲王而還,登山斫石,著北伐銘以見志。

《全唐文》卷五百五權德輿《故幽州盧龍軍節度副大使知節度事管內支度營田觀察處置押奚契丹兩番經略盧龍軍等使開府儀同三司檢校司徒兼中書令幽州大都督府長史上柱國彭城郡王贈太師劉公墓誌銘(並序)》頁五一三九

公元八〇六年　唐憲宗元和元年

　　振武有党項、室韋，交居川皁，凌犯爲盗，日入慝作，謂之"刮城門"。居人懼駭，鮮有寧日。希朝周知要害，置堡柵，斥候嚴密，人遂獲安。異蕃雖鼠竊狗盗，必殺無赦，戎虜甚憚之，曰："有張光晟苦我久矣，今聞是乃更姓名而來。"其見畏如此。蕃落之俗，有長帥至，必效奇駝名馬，雖廉者猶曰當從俗，以致其歡，希朝一無所受。積十四年，皆保塞而不爲横。

　　《舊唐書》卷一百五十一《列傳第一百一・范希朝》頁四〇五八

　　元和元年十一月，以范希朝爲振武節度使，就加禮部尚書。振武有党項、室韋，交居川皁，凌犯爲盗，日入慝作，謂之"刮城門"。人情懼駭，鮮有寧日。希朝周視要害，營置堡柵，斥候嚴密，人乃獲安。異蕃雖鼠竊狗盗，必殺無赦，戎虜甚憚之。蕃落之俗，有長帥至，必效奇馳名馬，雖廉者盡從俗，以致其歡。希朝一無所受，積一十四年，皆保塞而不爲横。單于城中舊少樹，希朝於他處市柳了，命軍人種之，至今成林，居人賴之。

　　《唐會要》卷七十三《單于都護府》頁一三一〇

　　范希朝爲振武節度使。振武有党項、室韋交居川皁，陵犯爲盗，日入慝作，謂之刮城門。居人惶駭，鮮有寧日。希朝周知要害，置堡柵，斥候嚴密，人遂獲安。

　　《册府元龜》卷三九〇《將帥部・警備》頁四六三五

范希朝爲振武節度使。振武有党項、室韋交居川阜,凌犯爲盜,日入慝作,謂之刮城門,居人震駭,鮮有寧日。希朝周要害,置堡柵,斥候嚴密,人遂獲安。異蕃雖鼠竊狗盜,必殺無赦。戎虜甚畏憚之,曰:"昔有張光晟,苦我久矣,今聞是乃更姓名而來。"其見畏如此。蕃落之俗,有長帥至,必效騎駝名馬,雖廉者猶曰當從俗,以致其歡。希朝一無所受,積十四年,皆保塞而不爲橫。

《册府元龜》卷四二九《將帥部·守邊》頁五一一二

元和元年,君梅落身入朝,拜檢校司空、歸誠郡王。以部酋索氏爲左威衛將軍、檀薊州游弈兵馬使,没辱孤平州游弈兵馬使,皆賜李氏。然陰結回鶻、室韋兵犯西城、振武。

《新唐書》卷二百一十九《列傳第一百四十四·北狄·奚》頁六一七五

元和元年,君梅落身入朝,拜檢校司空、歸誠郡王、賜姓李氏。然陰結回鶻、室韋,兵犯西城、振武。

《文獻通考》卷三百四十四《四裔二十一·庫莫奚》頁二七〇〇

公元八〇九年　唐憲宗元和四年

元和四年七月,奚及室韋寇振武。

《唐會要》卷九十六《奚》頁二七二〇

公元八一〇年　唐憲宗元和五年

奚、迴紇、室韋寇振武。

　　《舊唐書》卷十四《本紀第十四·憲宗上》頁四三一

公元八二六年　唐敬宗寶曆二年

二年正月,南詔、室韋、渤海、牂牁,三月,昆明並遣使朝貢。

　　《册府元龜》卷九七二《外臣部·朝貢五》頁一一四一八

公元八二八年　唐文宗太和二年

二年正月乙亥,對歸國南詔使及入朝室韋于麟德殿,宴賜有差。

　　《册府元龜》卷九七六《外臣部·褒異三》頁一一四六五

十二月己卯,渤海、新羅、室韋、契丹、南詔皆遣使朝貢,並詔對于麟德殿,宴賜有差。

　　《册府元龜》卷九七六《外臣部·褒異三》頁一一四六五

公元八二九年　唐文宗太和三年

三年十二月,渤海、新羅、室韋、契丹、南詔皆遣使朝貢。

　　《册府元龜》卷九七二《外臣部·朝貢五》頁一一四一八

公元八三〇年　唐文宗太和四年

執宜脩之,使其部落三千人分守之,自是雜虜不敢犯塞。

雜虜,謂退渾、回鶻、韃靼、奚、室韋之屬。

　　《資治通鑑》卷二百四十四《唐紀六十》頁七八七〇

公元八三三年　唐文宗太和七年

十二月庚戌,對室韋大都督阿朱等二十人、牂牁刺史謝聞臺等二十人,頒賜有差。

　　《冊府元龜》卷九七六《外臣部·褒異三》頁一一四六六

公元八三四年　唐文宗太和八年

八年正月庚午,麟德殿對南詔及室韋、奚、契丹、牂牁等使,頒賜有差。

　　《冊府元龜》卷九七六《外臣部·褒異三》頁一一四六六

公元八三五年　唐文宗太和九年

九年十二月,契丹大首領介落等一十九人,室韋大都督阿朱等三十人,奚大首領匿朗等,並三十人來朝。

　　《冊府元龜》卷九七二《外臣部·朝貢五》頁一一四一九

公元八三六年　唐文宗開成元年

十二月,……室韋大都督阿朱等來朝。

　　《冊府元龜》卷九七二《外臣部·朝貢五》頁一一四一九

公元八三七年　唐文宗開成二年

十二月,南詔及室韋朝貢。

　　《冊府元龜》卷九七二《外臣部·朝貢五》頁一一四一九

二月癸卯,賜奚、契丹、室韋等告身八十九通。

《册府元龜》卷九七六《外臣部‧褒異三》頁一一四六六

公元八三八年　唐文宗開成三年

三年二月辛卯,上麟德殿對入朝南詔、牂牁、契丹、奚、室韋、渤海等,各賜錦彩銀器有差。

《册府元龜》卷九七六《外臣部‧褒異三》頁一一四六六

公元八三九年　唐文宗開成四年

十二月戊辰,渤海王子大延廣、契丹首領薩葛、奚大首領温訥骨、室韋大都督秩虿等朝貢。

《册府元龜》卷九七二《外臣部‧朝貢五》頁一一四一九

公元八四一年　唐武宗會昌元年

十一月,帝御麟德殿,見室韋大首領督熱論一十五人,賜物有差。

《册府元龜》卷九七六《外臣部‧褒異三》頁一一四六六

公元八四二年　唐武宗會昌二年

上御麟德殿,見室韋首領督熱論等十五人。

《舊唐書》卷十八上《本紀第十八上‧武宗》頁五九二

武宗會昌二年二月,牂牁、南平蠻、結骨國遣使朝貢,室韋大首領熱論等來朝。

《册府元龜》卷九七二《外臣部·朝貢五》頁一一四一九

武宗會昌二年二月,回鶻寇天德,以振武麟勝節度劉沔
爲河東節度,以太原之師討之。八月,回鶻烏介可汗過天德,
至把頭峰北,薦掠雲朔北州。乃徵發許、蔡、汴、滑等六鎮之
師,以劉沔爲回鶻南面招討使,以張仲武爲回鶻東面招討使,
以李思忠爲河西党項都將、回鶻西南面招討使,皆會軍於太
原。又詔太原起室韋、沙陀三部落吐渾諸部,委石雄爲前鋒,
易定兵千人守大同軍,契苾通、何請河鎮沙陀吐渾六千騎赴
天德,李思忠並回鶻、党項之師屯于大柵。

《册府元龜》卷九八七《外臣部·征討六》頁一一五九一

又授張仲武東面招撫回鶻使,制曰:“古人云:兵者,所以
明德除害也。舉德於外,則福生於内。朕每念戎事,務安生
靈,既示遠圖,宜恢長算。回鶻可汗寄託塞上,未歸虜廷,近
者遣使薊門,懇陳誠款。宋人病告於子反,朝鮮心附於樓船,
我之信臣,實得要領。幽州盧龍軍節度副大使、知節度事、觀
察處置、押奚契丹兩蕃經略盧龍軍等使,銀青光禄大夫、檢校
工部尚書、兼幽州大都督府長史,兼御史大夫、蘭陵郡王食邑
三千户張仲武,風雲感契,鳧藻協誠。自升將壇,首剪狂虜,
戈鋋亟聞彗掃,牛馬殆至谷量。故能望影揣情,已深致虜之
術,豈止聞風破膽,益堅慕義之心。遽奏封章,頗申告諭,既
彼率服,寧忘懷柔。況虜騎往來,疾於風電,沙場曼遠,介以
山川,臨敵應機,固難統一。比衛、霍之襲葷狁,異道而行,
辛、趙之擊罕羌,兩從其志。成子廟勝之策,在舉旄傑之臣。

俾爾鷹揚,挫其狼顧。將服蠻夷之叛,固在七擒,勉思將帥之
風,無忘五利。崇以夏官之秩,委其統制之權,當一乃心,敬
茲休命。可簡校兵部尚書,兼充東面招撫回鶻使,其當道行
營兵馬使,及契丹、室韋等,並自指揮,餘如故。主者施行。”

《冊府元龜》卷九九四《外臣部·備禦七》頁一一六七一
下至一一六七二上

明年,回鶻奉主至漠南,入雲、朔,剽橫水,殺掠其衆,轉
側天德、振武間,盜畜牧自如。乃召諸道兵合討。嗢没斯以
赤心奸桀,難得要領,即密約天德戍將田牟,誘赤心斬帳下。
那頡啜收赤心衆七千帳東走振武、大同,因室韋、黑沙南窺幽
州,節度使張仲武破之,悉得其衆。

《新唐書》卷二百一十七下《列傳第一百四十二下·回
鶻下》頁六一三一

回鶻嗢没斯以赤心桀黠難知,黠,下八翻。先告田牟云,赤
心謀犯塞;乃誘赤心並僕固殺之,那頡啜收赤心之衆七千帳東
走。……《舊傳》曰:“回鶻相赤心者與連位相姓僕固者與特勒那頡啜
擁部衆不賓烏介。赤心欲犯塞,烏介遣其屬嗢没斯先布誠於田牟,然後誘
赤心同謁烏介,戮赤心於可汗帳下,並僕固二人。那頡戰勝,全占赤心下
七千帳,東瞰振武、大同,據室韋、黑沙、榆林,東南入幽州雄武軍西北界。”

《資治通鑑》卷二百四十六《唐紀六十二》頁七九五九

那頡啜帥其衆自振武、大同,東因室韋、黑沙,南趣雄武
軍,窺幽州。趣,七喻翻。

《資治通鑑》卷二百四十六《唐紀六十二》頁七九六一

　　庚午，詔發陳、許、徐、汝、襄陽等兵屯太原及振武、天德，俟來春驅逐回鶻。……按《一品集·奏回鶻事宜狀》：“臣等見楊觀說，緣回鶻赤心下兵馬多散在山北，恐與奚、契丹、室韋同邀截可汗，所以未敢遠去。今因賜仲武詔，令諭以朝旨。緣回鶻曾有忠效，又因殘破，歸附國家，朝廷事體須有存恤。今奚、契丹等與其同力，討除赤心下散卒，遣可汗漸出漢界，免有滯留。”

《資治通鑑》卷二百四十六《唐紀六十二》頁七九六三至七九六四

　　又幽州進奏官孫方造云，仲武破回鶻之時，收得室韋部落主妻兒。昨室韋部落主欲將羊馬金帛贖妻兒，仲武並不要，只令殺回鶻監使，即還妻兒。室韋使已領幽州軍將同去殺回鶻監使，緣軍將未回，仲武未敢聞奏。

《會昌一品集》卷十四《請發鎮州馬軍狀》頁一一五至一一六

　　九月，以劉沔兼招撫回鶻使，如須驅逐，其諸道行營兵權令指揮；以張仲武爲東面招撫回鶻使，其當道行營兵及奚、契丹、室韋等並自指揮。以李思忠爲河西党項都將回鶻西南面招討使；此河西，謂北河之西。皆會軍于太原。令沔屯雁門關。鴈門關在代州鴈門縣，即陘嶺關。初，奚、契丹羈屬回鶻，各有監使，歲督其貢賦，且詗唐事。監，古銜翻。使，疏吏翻。詗，火迥翻，又翾正翻。張仲武遣牙將石公緒統二部，盡殺回鶻監使等八百餘人。仲武破那頡啜,得室韋酋長妻子。酋,慈由翻。長,知丈翻。室韋以金帛羊馬贖之,仲武不受,曰:"但殺【章:十二行本"殺"下有"回鶻"二字;乙十一行本同;孔本同;張校同;退齋校同。】監使則歸之!"

《資治通鑑》卷二百四十六《唐紀六十二》頁七九六六至七九六七

十二月,御麟德殿,引見室韋大首領督熱論一十五人,宴賜有差。

《册府元龜》卷九七六《外臣部·褒異三》頁一一四六七

右臣等見楊觀説,緣回鶻赤心下兵馬,多散在山北,恐與奚、契丹、室韋同邀截可汗,所以未敢遠去。今因華封迴興,望賜仲武詔,令差明辨識事宜軍將,至奚、契丹等部落,諭以朝旨。緣回鶻曾忠效,又因殘破,歸附國家,朝廷事體,須有存恤,令奚、契丹等與其同力,討除赤心下散卒。遣可汗漸出漢界,免有滯留。如蒙允許,望付翰林約此意撰詔,兼詔克恭,未審。

《唐文拾遺》卷二十八《奏回鶻事宜狀》頁四〇四至四〇五

崇以夏官之秩,委其統制之權,當竭一心,敬兹休命。可檢校兵部尚書兼充東面招撫回鶻使,其當道行營兵馬使及奚、契丹、室韋等,並自指揮,餘如故。主者施行。

《全唐文》卷六百九十八李德裕《授張仲武東面招撫回鶻使制》頁七一六五

　　右，自劉稹平後，臣久欲奏聞，請降識事情中使，宣諭仲武，令早滅却殘虜，兼探仲武見劉稹平後，有何言説，兩度緣延英論事校多，未及陳奏。昨日奏事官論博言到，傳仲武語與臣："近稍得回鶻消息，人心頗有離異。緣可汗欲得投安西，其部落百姓皆云：'骨肉盡在向南，願投國家。'又云：'與室韋已不得所，據此時勢，即合歸降。不然，自相破滅。'"伏望因此機便，特降供奉官有才識者充使，兼賜仲武詔，諭以劉稹已平，天下無事，惟殘虜未滅，常繫聖心，仲武猶帶北面詔討使，合爲國家了却殘虜，成此功業，令超於鎮魏，朝廷酬報，必極優崇。料仲武企羨兩道立功，皆加寵位，又知朝廷内無寇孽，足得捍邊，仲武是見機之人，必思自效，令取歲内百計招降，兼示以優待可汗，必令得所。緣國家與回鶻久爲敵國，結怨已深，雖近方戢兵，終須早有經略，且令招誘，最爲得宜。臣謹密狀聞奏，此狀望留中不出。

　　　　《全唐文》卷七百三李德裕《回鶻事宜狀》頁七二一四

　　右，太原奏事官孫儔適到，云："回鶻移營近南四十里，劉沔料必是緣契丹不同，恐襲其背，所以移營。"又幽州進奏官孫方造云："仲武破回鶻之時，收得室韋部落主妻兒。昨室韋部落主欲將羊馬金帛贖妻兒，仲武並不要，只令殺回鶻監使，即還妻兒。室韋使已領幽州軍將同去殺回鶻監使。緣軍將未回，仲武未敢聞奏。"據此事勢，正堪驅除。臣等問孫儔："與幽州合勢向前移營，驅除得否？更要添多少兵馬？"孫儔答云："若係移營，亦不要添大段兵馬。只緣大同軍兵少，得易定一千人助大同，即得其鎮州馬軍。"臣等商量，不用徵發穩便。未審可否？

《全唐文》卷七百五李德裕《請發鎮州馬軍狀》頁七二三
八至七二三九

　　上乃賜公璽書，授以方略。公以室韋悍亟之兵，近我邊
鄙，俾其偵邏，且禦內侵，尋以徵役不供，爲虜所敗。由是介
馬數萬，連亘幽陵，伏精甲於松橵，布穹廬於磧鹵，散若飛鳥，
止如長雲，火燎於原，不可向邇。公激義氣以虹貫，發精誠而
石開，奇計兵權，密授髦俊，乃命介弟仲至與裨將游奉寰、王
如清、左敵萬、李君慶、張自榮、高守素、李志操率銳兵三萬，
建旆而前。介胄雪照，戈矛林植，命以義殉，壯由師直，聲隆
隆而未泄，欲逐逐而不食，戢以聽命，嚴而有威。公曰：“險道
傾仄，且馳且射，胡兵所以無敵也。致之平原，勒以方陳，我
師可以逞志也。”於是據於莽平，環以武剛，首尾蛇伸，左右翼
張。輕騎既合，奇鋒橫騖，如摧枯株，如搏畜兔，攝纍者弗取，
陸梁者皆仆，虜王侯貴人，計以千數。然後盡衆服聽，悉數係
纍，谷靜山空，靡有孑遺，橐馳馱騠，風澤而散，旝墙闕幕，布
野畢收，馬牛幾至於谷量，虜血殆同於川決，徑路寶刀，祭天
金人，奇貨珍器，不可殫論。乃命從事李周瞳馳傳上奏，又命
牙門將周從玘繼獻戎俘。皇帝受而勞之，群臣畢賀。昔長平
七征，驃騎六舉，竇憲合氐羌之衆，陳湯攬城郭之兵，或生靈
減耗，士馬物故，或邀功救罪，矯命專征，然猶告類上帝，薦功
清廟，顧視二漢，不其惡歟。

《全唐文》卷七百十一李德裕《幽州紀聖功碑銘（並序）》
頁七三〇一

公元八四三年　唐武宗會昌三年

可汗被瘡，與數百騎遁去，雄迎太和公主以歸。……《回鶻傳》："烏介去幽州八十里下營。是夜，河東劉沔帥兵奄至。烏介驚走，東北依和解室韋下營，不及將太和公主同走。石雄兵遇公主帳，因迎歸國。"《後唐獻祖紀年錄》曰："沔表帝爲前鋒。回鶻可汗樹牙於殺胡山，帝與石雄銜枚夜進，圍其牙帳，烏介可汗輕騎而遁。帝於牙帳謁見太和公主，奉而歸國。"

《資治通鑑》卷二百四十七《唐紀六十三》頁七九七二

烏介可汗走保黑車子族，胡嶠曰：轄戛之北單于突厥，又北黑車子，善作車帳，其人知孝義，地貧無所産。詳考《新舊書》，黑車子即室韋之一種。按是時賜點戛斯詔云，黑車子去漢界一千餘里。《考異》曰：《舊回鶻傳》云："烏介驚走東北約四百里外，依和解室韋下營，嫁妹與室韋，依附之。"今從《伐叛記》《實錄》《新傳》。《舊張仲武傳》又云："烏介既敗，乃依康居求活，盡徙餘種寄託黑車子。"蓋以李德裕《紀聖功碑》云："烏介并丁令以圖安，依康居而求活，盡徙餘種，屈意黑車。"彼所謂康居，用郅支故事耳；致此誤也。其潰兵多詣幽州降。

《資治通鑑》卷二百四十七《唐紀六十三》頁七九七三

公元八四四年　唐武宗會昌四年

李德裕奏："據幽州奏事官言：詗知回鶻上下離心，詗，火迥翻，又翾正翻。可汗欲之安西，其部落言親戚皆在唐，不如歸唐；又與室韋已相失，計其不日來降，或自相殘滅。望遣識事中使欲遣識事宜者出使。賜仲武詔，諭以鎮、魏已平昭義，惟回鶻未滅,仲武猶帶北面招討使,宜早思立功。"

《資治通鑑》卷二百四十八《唐紀六十四》頁八〇一二

公元八四六年　唐武宗會昌六年

己未,南詔、契丹、室韋、渤海、牂柯、昆明等國遣使入朝,對于麟德殿。

《舊唐書》卷十八上《本紀第十八上·武宗》頁六〇九

六年正月,南詔、契丹、室韋、渤海、牂牁、昆明等使並朝于宣政殿。

《冊府元龜》卷九七二《外臣部·朝貢五》頁一一四一九

六年正月,南詔、契丹、室韋、渤海、牂牁、昆明等使,並朝于宣政殿,對於麟德殿,賜食於内亭子,仍賫錦彩器皿有差。

《冊府元龜》卷九七六《外臣部·褒異三》頁一一四六七

公元八四八年　唐宣宗大中二年

回鶻過捻可汗仰給於奚王石舍朗;仰,牛向翻。及張仲武大破奚衆,見去年五月。回鶻無所得食,日益耗散,至是,所存貴人以下不滿五百人,依於室韋。使者入賀正,此回鶻使者也。過幽州,張仲武使歸取過捻等;過捻聞之,夜與妻葛禄、子特勒毒斯等九騎西走,餘衆追之不及,相與大哭。室韋分回鶻餘衆爲七,七姓共分之;室韋有嶺西部、山北部、黃頭部、如者部、婆萵部、訥北部、駱丹部,凡七姓,悉居柳城東北,近者三千里,遠者六千里而贏。居三日,黠戛斯遣其相阿播帥諸胡兵號七萬來取回鶻,帥,讀曰率。大破室韋,悉收回鶻餘衆歸磧北。猶有數帳,潛竄山林,鈔盜諸胡;鈔,楚交翻。其別部厖勒,先在安西,亦自稱可汗,居甘州,總磧西諸城,種落微弱,時入獻見。見,賢遍翻。回鶻至五季時入獻見者皆厖勒種類也。種,章勇翻。

《資治通鑑》卷二百四十八《唐紀六十四》頁八〇三二

公元八六〇年　唐懿宗咸通元年

咸通元年春正月,上御紫宸殿受朝,對室韋使。

《舊唐書》卷十九上《本紀第十九上·懿宗》頁六五〇

懿宗咸通元年正月,御紫宸殿受朝,對室韋使。

《冊府元龜》卷九七六《外臣部·褒異三》頁一一四六七

公元九〇一年　唐昭宗天復元年

唐天復元年,歲辛酉,痕德堇可汗立,以太祖爲本部夷離堇,專征討,連破室韋、于厥及奚帥轄剌哥,俘獲甚衆。冬十月,授大迭烈府夷離堇。

《遼史》卷一《本紀第一·太祖上》頁一至二

公元九〇二年　唐昭宗天復二年

明年歲甲子,三月,廣龍化州之東城。九月,討黑車子室韋,唐盧龍軍節度使劉仁恭發兵數萬,遣養子趙霸來拒。霸至武州,太祖諜知之,伏勁兵桃山下。遣室韋人牟里詐稱其酋長所遣,約霸兵會平原。既至,四面伏發,擒霸,殲其衆,乘勝大破室韋。

《遼史》卷一《本紀第一‧太祖上》頁二

公元九○三年　　唐昭宗天復三年

明年七月，復討黑車子室韋。

《遼史》卷一《本紀第一‧太祖上》頁二

公元九○七年　　唐哀帝天祐四年　　後梁太祖開平元年

初，契丹有八部，歐陽修曰：契丹君長曰大賀氏，後分爲八部：一曰但利皆部，二曰乙室活部，三曰實活部，四曰納尾部，五曰頻没部，六曰内會雞部，七曰集解部，八曰奚嗢部。部之長號大人。……《莊宗列傳》曰：“咸通末，其王曰習爾，疆土稍大，累來朝貢。光啓中，其王曰欽德，乘中原多故，北邊無備，遂蠶食諸部，達靼、奚、室韋之屬，咸被驅役。”……部各有大人，相與約，推一人爲王，建旗鼓以號令諸部，每三年則以次相代。咸通末，有習爾者爲王，土宇始大。其後欽德爲王，乘中原多故，時入盗邊。及阿保機爲王，尤雄勇，五姓奚五姓奚，一阿會部，二處和部，三奧失部，四度稽部，五元俟折部，各有辱紇主爲之酋領。歐陽修曰：奚當唐末居陰涼川，在營府之西，幽州之西北，皆數百里，分爲五部：一曰阿薈部，二曰啜米部，三曰粤質部，四曰怒皆部，五曰黑訖支部。後徙居幽州之東北數百里。宋白曰：奚居陰涼川，東去營府五百里，西南去幽州九百里，東南接海，山川三千里。後徙居琵琶川。及七姓室韋、室韋本有二十餘部，其近契丹者七姓。達靼咸役屬之。阿保機姓邪律氏，歐史《四夷附録》曰：阿保機以其所居横帳地名爲姓，曰世里。世里，譯者謂之邪律。恃其强，不肯受代。久之，阿保機擊黄頭室韋還，七部劫之於境上，求如約。如三年一代之約。阿保機不得已，傳旗鼓，且曰：“我爲王九年，得漢人多，請帥種落帥，讀曰率。種，章勇翻。居古漢

城,與漢人守之,別自爲一部。"七部許之。漢城,故後魏滑鹽縣
也。……宋白曰:契丹居遼澤之中,潢水南岸。遼澤去渝關一千一百三十
里,渝關去幽州一百七十四里。其地東南接海,東際遼河,西包冷陘,北界
松陘山。東西三千里,地多松柳,澤多蒲葦。阿保機居漢城,在檀州西北
五百五十里。城北有龍門山,山北有炭山,炭山西是契丹、室韋二界相連之
地。其地灤河上源,西有鹽泊之利,則後魏滑鹽縣也。地宜五穀,有鹽池
之利。其後阿保機稍以兵擊滅七部,復并爲一國。又北侵室韋、
女真,女真,肅慎氏之遺種,黑水靺鞨即其地也。入遼東著籍者號熟女真,
界外野處者號生女真,極邊遠者號黃頭女真。西取突厥故地,擊奚,滅
之,復立奚王而使契丹監其兵。監,古銜翻。東北諸夷皆畏服之。

　　《資治通鑑》卷二百六十六《後梁紀一》頁八六七六至
八六七九

　　是月,征黑車子室韋,降其八部。
　　　　　　　　　　《遼史》卷一《本紀第一·太祖上》頁三

　　冬十月乙巳,討黑車子室韋,破之。
　　　　　　　　　　《遼史》卷一《本紀第一·太祖上》頁三

公元九〇八年　　後梁太祖開平二年

夏五月癸酉,詔撒剌討烏丸、黑車子室韋。
　　　　　　　　　　《遼史》卷一《本紀第一·太祖上》頁三

　　冬十月己亥朔,建明王樓。築長城於鎮東海口。遣輕兵
取吐渾叛入室韋者。

《遼史》卷一《本紀第一・太祖上》頁三

公元九〇九年　　後梁太祖開平三年

冬十月己巳,遣鷹軍討黑車子室韋,破之。

《遼史》卷一《本紀第一・太祖上》頁四

公元九一三年　　後梁太祖乾化三年

夏四月戊寅,北追刺葛。己卯,次彌里,問諸弟面木葉山射鬼箭厭禳,〔七〕乃執叛人解里向彼,亦以其法厭之。至達里淀,選輕騎追及培只河,盡獲其黨輜重、生口。先遣室韋及吐渾酋長拔剌、迪里姑等五人分兵伏其前路,命北宰相迪里古爲先鋒進擊之。刺葛率兵逆戰,迪里古以輕兵薄之。其弟遏古只臨陣,射數十人斃,衆莫敢前。相拒至晡,衆乃潰。追至柴河,遂自焚其車乘廬帳而去。前遇拔剌、迪里姑等伏發,合擊,遂大敗之。刺葛奔潰,遺其所奪神帳於路,上見而拜奠之。所獲生口盡縱歸本土。其黨庫古只、磨朵皆面縛請罪。師次札堵河,大雨暴漲。

【校勘記】

〔七〕問諸弟面木葉山射鬼箭厭禳　馮家昇《遼史初校》云:問當作聞。

《遼史》卷一《本紀第一・太祖上》頁七、頁一四

公元九一六年　　後梁末帝貞明二年　後唐莊宗
天祐十三年　　遼太祖神册元年

述律后勇決多權變,阿保機行兵御衆,述律后常預其謀。

阿保機嘗度磧擊党項,党項在磧西。磧,七迹翻。党,底朗翻。留述律
后守其帳,黃頭、臭泊二室韋乘虛合兵掠之;黃頭,室韋强部也;臭
泊,室韋以所居地名其部。述律后知之,勒兵以待其至,奮擊,大破
之,由是名震諸夷。述律后有母有姑,皆踞榻受其拜,曰:"吾惟
拜天,不拜人也。"晉王方經營河北,欲結契丹為援,常以叔父事
阿保機,以叔母事述律后。以晉王克用與阿保機結為兄弟也。

　　《資治通鑑》卷二百六十九《後梁紀四》頁八八○九至
八八一○

　　太祖即位,群臣上尊號曰地皇后。神册元年,大册,加
號應天大明地皇后。行兵御眾,后嘗與謀。太祖嘗渡磧擊党
項,黃頭、臭泊二室韋乘虛襲之;后知,勒兵以待,奮擊,大破
之,名震諸夷。

　　《遼史》卷七十一《列傳第一·后妃》頁一一九九

公元九一八年　後唐莊宗天祐十五年　後梁末帝貞明四年　遼太祖神册三年

　　秋八月辛丑朔,大閱於魏郊,河東、魏博、幽、滄、鎮定、邢
洺、麟、勝、雲、朔十鎮之師,[1]及奚、契丹、室韋、吐渾之眾十餘

---

[1]此處中華書局點校本《舊五代史》無校勘記,中華書局點校修訂本
《舊五代史》校勘記四五○頁:河東魏博幽滄鎮定邢洺麟勝雲朔十
鎮之師　"麟勝雲朔",按麟勝朔三州置振武軍,雲州置大同軍,分屬
兩鎮,此處疑有訛倒,《册府》卷八、《通鑑》卷二七○叙其事作"麟
勝雲蔚"。另本書所列僅九鎮,據《册府》卷八、《新五代史》卷五
《唐本紀》尚有昭義,領澤、潞二州,節度使為李嗣昭。

萬,部陣嚴肅,旌甲照曜,師旅之盛,近代爲最。

　　《舊五代史》卷二十八《唐書四·莊宗紀第二》頁三九一
至三九二

　　（李存勗）閲兵於魏州,時幽州盧龍軍節度使、蕃漢馬步
摠管周德威帥幽薊步騎之師三萬,横海軍節度使、蕃漢馬步
副摠管李存審帥滄景步騎之師萬人,成德軍節度使王鎔遣其
將王德明帥鎮冀步騎之師三萬,昭義軍節度使李嗣昭帥澤潞
步騎萬人,安國軍節度使李嗣源帥邢洺步騎之師萬人,義武
軍節度使王處直使其將帥易定之步騎萬人,麟、勝、雲、蔚、
新、武等州,諸部落奚、契丹、室韋、吐谷渾等馬萬匹,總河東、
魏博十鎮之師,閲於魏州。部陣嚴肅,精甲曜日,師旅之盛,
近代未之有也。

　　　　　　　《册府元龜》卷八《帝王部·創業四》頁八七

　　晉王謀大舉入寇,周德威將幽州步騎三萬,李存審將滄
景步騎萬人,李嗣源將邢洺步騎萬人,王處直遣將將易定步
騎萬人,及麟、勝、雲、蔚、新、武等州諸部落奚、契丹、室韋、吐
谷渾,皆以兵會之。八月,并河東、魏博之兵,大閲於魏州。兵
莫難於用衆。是舉也,晉兵先敗,周德威父子死焉,晉王特危而後濟耳。
蔚,音鬱。

　　　　　　《資治通鑑》卷二百七十《後梁紀五》頁八八三三

公元九二四年　　後唐莊宗同光二年　　遼太祖天贊三年

　　庚戌,有司自契丹至者,言女真、迴鶻、黄頭室韋合勢侵

契丹。

《舊五代史》卷三十二《唐書八·莊宗紀第六》頁第四
四一

九月庚戌,有自契丹部降者上言:"女真、回鶻、黃頭室韋
合勢侵契丹。"召北部酋長禦捍。

《冊府元龜》卷九九五《外臣部·交侵》頁一一六八八

公元九二五年　後唐莊宗同光三年　遼太祖天贊四年

五月甲寅,清暑室韋北陘。

《遼史》卷二《本紀第二·太祖下》頁二一

公元九二六年　後唐莊宗同光四年　遼太祖天顯元年

二月……甲午,復幸忽汗城,閱府庫物,賜從臣有差。以
奚部長勃魯恩、王郁自回鶻、新羅、吐蕃、党項、室韋、沙陀、烏
古等從征有功,優加賞賚。

《遼史》卷二《本紀第二·太祖下》頁二二

公元九二七年　後唐明宗天成二年　遼太宗天顯二年

天成二年,詔還京師,復授(張敬詢)大同節度使,至鎮,
招撫室韋萬餘帳。

《舊五代史》卷六十一《唐書三十七·列傳第十三·張
敬詢》頁八二一

公元九三七年　後晉高祖天福二年　遼太宗天顯十二年

初，契丹主阿保機强盛，室韋、奚、霫皆役屬焉。翟，直格翻，又徒歷翻，姓也。霫，苦到翻。霫，似入翻。

　　　　　《資治通鑑》卷二百八十一《後晉紀二》頁九一七〇

公元九三八年　後晉高祖天福三年　遼太宗會同元年

二月壬午，室韋進白麅。

　　　　　　　《遼史》卷四《本紀第四·太宗下》頁四三

九月庚戌，黑車子室韋貢名馬。

　　　　　　　《遼史》卷四《本紀第四·太宗下》頁四四

（太宗）於是詔以皇都爲上京，府曰臨潢。升幽州爲南京，南京爲東京。改新州爲奉聖州，武州爲歸化州。升北、南二院及乙室夷離堇爲王，以主簿爲令，令爲刺史，刺史爲節度使，二部梯里已爲司徒，達刺干爲副使，麻都不爲縣令，縣達刺干爲馬步。置宣徽、閣門使，控鶴、客省、御史大夫、中丞、侍御、判官、文班牙署、諸宮院世燭，馬群、遥輦世燭，南北府、國舅帳郎君官爲敞史，諸部宰相、節度使帳爲司空，二室韋閫林爲僕射，鷹坊、監治等局官長爲詳穩。

　　　　　　　《遼史》卷四《本紀第四·太宗下》頁四五

公元九四〇年　　後晉高祖天福五年　　遼太宗會同三年

八月……乙巳，阻卜、黑車子室韋、賃烈等國來貢。

《遼史》卷四《本紀第四·太宗下》頁四八

公元九四四年　　後晉少帝天福九年　　遼太宗會同七年

六月甲辰，黑車子室韋來貢。

《遼史》卷四《本紀第四·太宗下》頁五四

公元九四五年　　後晉少帝開運二年　　遼太宗會同八年

六月……辛巳，黑車子室韋來貢。

《遼史》卷四《本紀第四·太宗下》頁五六

公元九六四年　　宋太祖乾德二年　　遼穆宗應曆十四年

九月，黃室韋叛。

《遼史》卷七《本紀第七·穆宗下》頁八二

初，遼太祖威服漠北，分設部帳官。突呂不、室韋部者，本名大、小二黃室韋，太祖以計降之，置爲二部，隸北府節度使。烏庫舊作烏古，今改。部者列於外十部，不能成國，附庸於遼，時修職貢。至是以遼主失政，黃室韋掠馬牛叛去。統軍楚固質舊作庫古只，今改。邀戰，敗之，降其衆。未幾，烏庫部叛，掠居民財畜，詳衮舊作詳穩，今改。藏引舊作僧隱，今改。與戰，敗績，藏引死之。【考異】《遼史·穆宗紀》，黃室韋之叛在九月，《部族表》分見於九月、十二月，今據楚固質之奏，併於十二月。又，《紀》

云藏引及女實死之。女實未詳,今從略。

《續資治通鑑》卷四《宋紀四》頁八四至八五

公元九六五年　　宋太祖乾德三年　　遼穆宗應曆十五年

三月……丁丑,大黃室韋酋長寅尼吉叛。

《遼史》卷七《本紀第七‧穆宗下》頁八二

夏四月乙巳,小黃室韋叛,雅里斯、楚思等擊之,爲室韋所敗,遣使詰之。乙卯,以禿里代雅里斯爲都統,以女古爲監軍,率輕騎進討,仍令撻馬尋吉里持詔招諭。

《遼史》卷七《本紀第七‧穆宗下》頁八二至八三

五月壬申,尋吉里奏,諭之不從。雅里斯以撻凜、蘇二群牧兵追至柴河,與戰不利。甲申,庫古只奏室韋長寅尼吉亡入敵烈。

《遼史》卷七《本紀第七‧穆宗下》頁八三

丁丑,遼部帳大室韋酋長寅尼吉叛。

《續資治通鑑》卷四《宋紀四》頁九一

夏,四月,乙巳,小黃室韋叛。雅里克斯、克蘇擊之,爲室韋所敗,遣使詰讓。乙卯,以圖里代雅里克斯爲都統,以尼古舊作女古,今改。爲監軍,率輕騎進討,仍令岱馬舊作撻馬,今改。《國語解》云:岱馬,扈從之官。尋支里舊作尋古里,今改。持詔招諭。【考異】大黃室韋之叛,《部族表》繫於二月,小黃室韋之叛,繫於三月,較《本紀》所書俱先一月。然《本紀》分繫以日,視《表》爲詳,今從《本紀》。後俱倣此。

《續資治通鑑》卷四《宋紀四》頁九二

遼主之遣諭室韋也,欲撫降之,及尋支里至,諭之,不從,仍命雅里克斯率群牧兵追討,戰於柴河,不利。室韋酋長寅尼吉,亡入德呼勒舊作敵烈,今改。部。德呼勒部者,遼國外十部之一也。是月,德呼勒部來降,室韋平,乃專討烏庫部。

《續資治通鑑》卷四《宋紀四》頁九三

公元九七三年　宋太祖開寶六年　遼景宗保寧五年

甲子,遼特里袞舊作惕隱,今改。耶律休格舊作休哥,今改。伐党項,破之,上其俘獲之數。休格嘗從北府宰相蕭幹討室韋、烏庫二部有功,至是復以績著。

《續資治通鑑》卷七《宋紀七》頁一六八

公元九八六年　宋太宗雍熙三年　遼聖宗統和四年

復有近界韃靼、尉厥里、室韋、女真、党項,亦被脅屬,每部不過千餘騎。

《續資治通鑑長編》卷二十七《太宗・雍熙三年》頁六〇五

公元九九一年　宋太宗淳化二年　遼聖宗統和九年

三月庚子朔,振室韋、烏古諸部。

《遼史》卷十三《本紀第十三・聖宗四》頁一四一

三月,庚子朔,遼賑室韋、烏古諸部饑。

　　　　　　《續資治通鑑》卷十五《宋紀十五》頁三六五

公元九九四年　宋太宗淳化五年　遼聖宗統和十二年

九月壬子,室韋、党項、吐谷渾等來貢。

　　　　　《遼史》卷十三《本紀第十三·聖宗四》頁一四五

公元一〇〇四年　宋真宗景德元年
遼聖宗統和二十二年

鎮州,建安軍,節度。本古可敦城。統和二十二年皇太
妃奏置。[三〇]選諸部族二萬餘騎充屯軍,專捍禦室韋、羽厥等
國,凡有征討,不得抽移。渤海、女直、漢人配流之家七百餘
户,分居鎮、防、維三州。東南至上京三千餘里。

【校勘記】

〔三〇〕皇太妃奏置　"皇"應作王。參卷十三《校勘記》
〔七〕。

　　　《遼史》卷三十七《志第七·地理志一》頁四五一、四五四

公元一〇一〇年　宋真宗大中祥符三年
遼聖宗統和二十八年

是月,契丹所部南北大王、皮室、乙室、頻畢太師、奚、室
韋、黑水女真等賦車二千乘,於幽州載戎器,將伐高麗,按:女
真不屬契丹,此舉又爲高麗及女真所敗,不知所調車乘何以及女真,豈別
種耶?殺其臣邢抱朴,召劉晟知政事,又召隆慶。隆慶反側,
辭以避暑,不行,輒繕完兵甲,遣親信以私書交結國中貴倖。

其親信録書來告雄州,訴其主不能敦協親族,國人思漢。上知隆慶教爲之,密諭邊臣沮其意。

《續資治通鑑長編》卷七十三《真宗·大中祥符三年》頁一六七三

其年,契丹將伐高麗,命所部南北大王、皮室、乙室、頻畢、太師、奚、室韋、黑水女真等,賦車二千乘,凡調發先下令,使自辦兵器駞馬糧糗,故其抄略所得,不補所失。

《文獻通考》卷三百四十六《四裔二十三·契丹中》頁二七〇九

公元一〇四四年　宋仁宗慶曆四年
遼興宗重熙十三年

古者有外虞,則以夷狄攻夷狄,中國之利也。朝廷西有羌人之患,力足備禦,不假求外援以自助。惟是北敵强盛,十倍羌人,異日渝盟,悉衆南下,師力若不給,則禍未可涯,宜求所以牽制之術,使有後顧而不敢動,動亦有所憚,而不能盡鋭以來,我力足以禦之,此不可不慮。今契丹自盡服諸蕃,[五〇]如元昊、回鶻、高麗、女真、渤海、憃惹、鐵勒、黑水靺鞨、室韋、轄戛、步奚等,弱者盡有其土,强者止納其貢賦。

【校勘記】

〔五〇〕今契丹自盡服諸蕃　"服"原作"復",據宋本、宋撮要本、閣本改。

《續資治通鑑長編》卷一百五十《仁宗·慶曆四年》頁三六五〇、三六六二

公元一〇六〇年　宋仁宗嘉祐五年　遼道宗清寧六年

　　時三司議均田租,召還,諿陳均括之法四十條。復上《平燕議》曰:"契丹之地,自瓦橋至古北口,地狹民少。自古北口至中原,屬奚、契丹,自中原至慶州,道旁纔七百餘家。蓋契丹疆土雖廣,人馬至少,儻或南牧,必率高麗、渤海、黑水、女真、室韋等國會戰,其來既遠,其糧匱乏。臣聞以近待遠,以佚待勞,以飽待飢,用兵之善計。又聞得敵自至者勝,先據便地者佚。以臣所見,請舉慶曆之策,合衆河於塘泊之北界,以限戎馬,然後以景德故事,頓兵自守。步卒十二萬,騎卒三萬,强壯三萬,歲計糧餉百八十三萬六千斛。又傍河郡邑,可以水運以給保州。然後以拒馬車三千,陷馬槍千五百,獨轅弩三萬,分選五將,臣可以備其一,來則戰,去則勿追。幽州糧儲既少,敵不可久留,不半年間,當遁沙漠。則進兵斷古北口,砦松亭關,傳檄幽薊,燕南自定。且彼之所恃者,惟馬而已。但能多方致力,使馬不獲伸用,則敵可破,幽燕可取。"帝壯其言,詔置獨轅弩二萬,同提舉百司及南北作坊,以完軍器。

　　《宋史》卷三百二十六《列傳第八十五·郭諮》頁一〇五三二

　　會三司議均田租,召還,諿陳均括之法四十條。復上《平燕議》曰:契丹之地,自瓦橋至古北口,地狹民少;自古北口至中京,屬奚、契丹;自中京至慶州,道旁纔七百餘家。蓋契丹疆土雖廣,人馬至少,儻或南牧,必率高麗、渤海、達靼、黑水女真、室韋等國會戰,其來既遠,其糧匱乏。臣聞以近待遠,以佚待勞,以飽待飢,用兵之善計。又聞得敵自至者勝,先據便地者佚。以臣所見,請舉慶曆之策,合眾河於塘泊之北界,以限戎馬,然後以景德故事,頓兵自守。步卒十二萬,〔三〇〕騎卒三萬,强壯三萬,歲計糧餉百八十三萬六千斛。又旁河郡邑,可由水運以給保州。然後以拒馬車三千、陷馬槍千五百、獨轅弩三萬,分選五將,臣可以備其一,來則戰,去則勿追。幽州糧儲既少,敵不可久留,不半年間,當遁沙漠。則進兵斷古北口,塞松亭關,傳檄幽薊,燕南自定。

【校勘記】

〔三〇〕步卒十二萬　"十二"二字原倒,據宋本、宋撮要本及《宋史》卷三二六《郭諮傳》乙正。

《續資治通鑑長編》卷一百九十一《仁宗·嘉祐五年》頁四六二三、四六三三

會三司議均田租,召還,諮陳均括之法四十條。復上《平燕議》曰:"自瓦橋至古北口,地狹民少;自古北口至中京,屬奚契丹;自中京至慶州,道旁纔七百餘家。蓋契丹疆土雖廣,人馬至少,儻或南牧,必率高麗、渤海、達達、黑水、女真、室韋等國會戰,其來既遠,其糧匱乏。臣聞以近待遠,以佚待勞,以飽待飢,用兵之善計。又聞得敵自至者勝,先據便地者佚。以臣所見,請舉慶曆之策,合眾河於塘泊北界以限戎馬,然後以景德故事,頓兵自守。步卒二十萬,騎卒三萬,强壯三萬,歲計糧餉百八十三萬六千斛,及旁河郡邑可由水運以給保州應援。以拒馬車三千,陷馬槍千五百,獨轅弩三萬,分選五將,臣可以備其一,來則戰,去則勿追。幽州糧儲既少,屬國

兵不可久留,不半年間,當逼沙漠,則進兵斷古北口、砦〔塞〕松亭關,傳檄幽薊,燕南自定。"帝壯其言,詔置獨轅弩二萬。尋命諮同提舉在京諸司庫務及揀内軍器庫兵仗,下南北作坊,以完軍器。

　　　　《續資治通鑑》卷五十八《宋紀五十八》頁一四二五

公元一〇六九年　　宋神宗熙寧二年　　遼道宗咸雍五年

　　咸雍五年,蕭陶隗爲馬群太保,上書猶言群牧名存實亡,上下相欺,宜括實數以爲定籍。厥後東丹國歲貢千疋,〔八〕女直萬疋,直不古等國萬疋,阻卜及吾獨婉、惕德各二萬疋,〔九〕西夏、室韋各三百疋,越里篤、剖阿里、奧里米、蒲奴里、鐵驪等諸部三百疋;仍禁朔州路羊馬入宋,吐渾、党項馬鬻于夏。

【校勘記】

　　〔八〕厥後東丹國歲貢千疋　按《紀》,天顯元年二月改渤海國爲東丹,貢馬規定即在此時,見卷七二《義宗倍傳》。世宗天禄元年以安端主東丹國,已是僅存空名。此叙道宗時東丹貢馬,前後淆混。

　　〔九〕惕德　惕德原誤"惕隱",據《紀》大安十年正月、六月及《部族表》改。

　　　　《遼史》卷六十《志第二十九·食貨志下》頁九三一至九三二、九三四

公元一〇七七年　　宋神宗熙寧十年　　遼道宗大康三年

　　秋七月辛亥,護衛太保查刺加鎮國大將軍,預突吕不部節度使之選,室韋查刺及蕭寶神奴、謀魯古並加左衛大將軍,

牌印郎君訛都斡尚皇女趙國公主,授駙馬都尉、始平軍節度使,祗候郎君耶律撻不也及蕭圖古辭並加監門衛上將軍。

《遼史》卷二十三《本紀第二十三・道宗三》頁二八〇

公元一〇九二年　宋哲宗元祐七年　遼道宗大安八年

大安八年,(耶律何魯掃古)知西北路招討使事。[五]時邊部耶覩刮等來侵,何魯掃古誘北阻卜酋豪磨古斯攻之,俘獲甚衆,以功加左僕射。復討耶覩刮等,誤擊磨古斯,北阻卜由是叛命。遣都監張九討之,[六]不克,二室韋與六院部、特滿群牧、宮分等軍俱陷于敵。何魯掃古不以實聞,坐是削官,決以大杖。

【校勘記】

〔五〕大康中至大安八年知西北路招討使事　大安二字原脱。按何魯掃古,《紀》《屬國表》亦作阿魯掃古,大康中未任西北路官職,惟《紀》《表》大安九年三月,並有西北路招討使耶律阿魯掃古追磨古斯還,八年應是大安八年,據補。官名互歧,或有遷升。

〔六〕張九　按即蕭張九。見《紀》大安九年三月及《屬國表》。

《遼史》卷九十四《列傳第二十四・耶律何魯掃古》頁一三八五、一三八七

公元一〇九三年　宋哲宗元祐八年　遼道宗大安九年

三月,西北路招討使耶律阿魯掃古追磨古斯還,都監蕭張九遇賊,與戰不利。二室韋、拽剌、北王府、特滿群牧、宮分

等軍多陷没。

　　　　《遼史》卷二十五《本紀第二十五·道宗五》頁三〇一

　　西北路招討使耶律阿魯掃古追磨古斯還，都監蕭張九遇賊衆，與戰不利，二室韋、拽剌、北王府、特滿群牧、宮分等軍多陷于賊。

　　　　《遼史》卷七十《表第八·屬國表》頁一一七三至一一七四

　　瑪古蘇侵遼，三月，遼西北路招討使耶律阿嚕薩古舊作阿（魯）掃古，今改。追之，都監蕭章糾舊作張九，今改。遇賊，與戰不利，二室韋與六院部、群牧官〔宮〕（分）等軍俱陷于敵。阿嚕薩古不以實聞，遼主知之，削其官，決以大杖。

　　　　《續資治通鑑》卷八十二《宋紀八十二》頁二〇九六

公元一一一六年　宋徽宗政和六年　遼天祚帝天慶六年　金太祖收國二年

　　二年正月戊子，詔曰：“自破遼兵，四方來降者衆，宜加優恤。自今契丹、奚、漢、渤海、係遼籍女直、室韋、① 達魯古、兀

---

①此處中華書局點校本《金史》無校勘記，中華書局點校修訂本《金史》校勘記四七頁：室韋　原作“韋室”。按，本書卷七一《斡魯傳》“以兵五百，敗室韋，獲其民衆”，卷一二一《忠義傳一》《僕忽得傳》附《酬斡傳》“敗室韋五百于阿良葛城”。《遼史》卷一一六《國語解》稱“遼之初興，與奚、室韋密邇”，卷三三《營衛志》下《部族》下“室韋部。聖宗以室韋户置”，卷三六《兵衛志》下《屬國軍》載有“黑車子室韋”“黄室韋”“小黄室韋”“大黄室韋”等。是知，室韋爲北方民族的族稱及部族名稱，爲專有名詞。今據乙正。

惹、鐵驪諸部官民,已降或爲軍所俘獲,逃遁而還者,勿以爲
罪,其酋長仍官之,且使從宜居處。"

《金史》卷二《本紀第二·太祖》頁二九

公元一一二二年　宋徽宗宣和四年　遼天祚帝保大二年　金太祖天輔六年

天輔六年,(完顏)昂與稍喝以兵四千監護諸部降人,[八]處之嶺東,就以兵守臨潢府。昂不能撫御,降人苦之,多叛亡者。上聞之,使出里底戒諭昂。已過上京,諸部皆叛去,惟章愍宮、小室韋二部達內地。詔諭版勃極烈吳乞買曰:"比遣昂徙諸部,多致怨叛,稍喝駐兵不與討襲,致使降人復歸遼主,違命失眾,當置重法。若有所疑,則禁錮之,俟師還定議。"是時,太宗居守,辭不失副之,辭不失勸太宗因國慶可薄其罰,於是杖昂七十,拘之泰州,而殺稍喝。

【校勘記】

〔八〕昂與稍喝以兵四千監護諸部降人　"諸"原作"都"。按下文"已過上京,諸部皆叛去",知"都"爲"諸"字之誤。今據改。[①]

《金史》卷六十五《列傳第三·始祖以下諸子·完顏昂》頁一五五三、一一五五

---

① 中華書局點校修訂本《金史》校勘記一六五六頁:昂與稍喝以兵四千監護諸部降人　"諸部",原作"都部",據局本改。按,下文亦有"已過上京,諸部皆叛去"語,與之相合。

公元一一二四年　宋徽宗宣和六年　遼天祚帝保大四年　金太宗天會二年

甲辰保大四年。宋宣和六年,金太宗天會二年。秋七月,金人陷應、蔚等州。是秋,天祚得耶律大石林牙兵歸,又得陰山室韋毛割石兵,[一四]自謂天助中興,再謀出兵收復燕、雲。大石林牙力諫曰:"自金人初陷長春、遼陽東京也。兩路,則車駕不幸廣平甸,[一五]常歲受禮處。而都中京;及陷上京,則都燕山;及陷中京,則幸雲中;及破雲中,[一六]則都夾山。向以全師不謀戰備,以至舉國漢地皆爲金人所有。今國勢微弱至此而力求戰,[一七]非得計也。當養兵待時而動,不可輕舉。"天祚斥而不從。大石林牙託疾不行,天祚遂强率諸軍出夾山,下漁陽嶺,取天德軍、遼國改豐州也。東勝、寧邊、雲内等州,[一八]南下武州,遇金人兀室,戰于奄曷下水。兀室帥山西漢兒鄉兵爲前驅,以女真千餘騎伏山間,出室韋毛割石兵後,毛割石兵顧之大驚,皆潰。天祚奔竄入陰夾山。

【校勘記】

〔一四〕又得陰山室韋毛割石兵　"毛"原誤"乞",據《會編》卷二十一引《亡遼録》改。案:《東都事略附録》卷二韃靼室韋毛割石作韃靼毛褐室韋。《遼史·天祚帝紀三》稱北部謨葛失或陰山室韋謨葛失,《會編》卷三十一引史愿《亡遼録》作韃靼毛割石。《金史·太祖紀》《太宗紀》均只稱作"謀葛失"。

〔一五〕則車駕不幸廣平甸　"車"字原闕,據《會編》卷二十一引《亡遼録》並參考《遼史·天祚帝紀三》補。

〔一六〕及破雲中　原作“及幸雲中”，從席本改。《會編》卷二十一引《亡遼録》“破”作“陷”。

〔一七〕今國勢微弱至此而力求戰　《遼史·天祚帝紀三》“力”作“方”，義長。

〔一八〕雲内等州　“雲”下原衍“中”字，據席本、《會編》卷二十一引《亡遼録》並參考《遼史·天祚帝紀三》刪。

《契丹國志》卷十二《天祚皇帝下》頁一五二、一五五至一五六

天祚既得林牙耶律大石兵歸，又得陰山室韋謨葛失兵，自謂得天助，再謀出兵，復收燕、雲。大石林牙力諫曰：“自金人初陷長春、遼陽，則車駕不幸廣平淀，而都中京；及陷上京，則都燕山；及陷中京，則幸雲中；自雲中而播遷夾山。向以全師不謀戰備，使舉國漢地皆爲金有。國勢至此，而方求戰，非計也。當養兵待時而動，不可輕舉。”不從。大石遂殺乙薛及坡里括，置北、南面官屬，自立爲王，率所部西去。上遂率諸軍出夾山，下漁陽嶺，取天德、東勝、寧邊、雲内等州。南下武州，遇金人，戰于奄遏下水，復潰，直趨山陰。[一〇]

【校勘記】

〔一〇〕直趨山陰　山陰，《地理志五》作河陰。《索隱》：“遼置河陰縣，金改山陰。”

《遼史》卷二十九《本紀第二十九·天祚皇帝三》頁三四九、三五〇

公元一一二六年　宋欽宗靖康元年　金太宗天會四年

丙午歲十一月,粘罕改作尼堪陷懷州,殺霍安國,范仲熊貸命令往鄭州養濟,途中與燕人同行,因問"此中來者是幾國人,共有多少兵馬?"其番人答言:"此中隨國相來者,有達靼家、有奚家、有黑水家、有小胡蘆改作博囉家、有契丹家、有党項家、有黠戛斯家、有火石家、有回鶻家、有室韋家、有漢兒家,共不得見數目。"

《三朝北盟會編》卷九十九《靖康中帙七十四》頁七三〇

公元一一三〇至一一三一年　宋高宗建炎四年—紹興元年　金太宗天會八年—九年

是日,金左副元帥宗維命諸路州縣,同以是日大索南人,及拘之於路,至癸酉罷。籍客户拘之入官,[一]至次年春,盡以鐵索鎖之雲中,於耳上刺"官"字以誌之,散養民間。既而立價賣之,餘者驅之達靼、夏國以易馬,亦有賣於蒙國、室韋、高麗之域者。

【校勘記】

〔一〕籍客户拘之入官　"官"原作"宫",《皇朝中興紀事本末》卷一五載此事云:"應客户並籍入官,刺其耳爲官字,鎖之雲中,及散養民間。"故從《續資治通鑑》卷一〇八改。

《建炎以來繫年要録》卷四十頁八八〇、八八七至八八八

粘罕密諭諸路,令同日大索兩河之民一日,北境州縣皆閉門,及拘行旅于道,凡三日而罷。應客户並籍入官,刺其

耳爲“官”字，鎖之雲中，及散養民間，立價鬻之，或驅之于回鶻諸國以易馬，及有賣于萌骨子、迪烈子、室韋、高麗之域者。〔二六〕

【校勘記】

〔二六〕或驅之于回鶻……萌骨子迪烈子室韋高麗之域者　按《建炎以來繫年要録》卷四〇建炎四年十二月辛未條記其事作：“既而立價賣之，餘者驅之達靼、夏國以易馬，亦有賣於蒙古、室韋、高麗之域者。”

《大金國志校證》卷之六《太宗文烈皇帝四》頁一〇六、一一〇

大石不自安，遂殺蕭乙薛、坡里括，自立爲王，率鐵騎二百宵遁。北行三日，過黑水，見白達達詳穩床古兒。床古兒獻馬四百，駝二十，羊若干。西至可敦城，駐北庭都護府，會威武、崇德、會蕃、新、大林、紫河、駝等七州及大黄室韋、敵剌、王紀剌、茶赤剌、也喜、鼻古德、尼剌、達剌乖、達密里、密兒紀、合主、烏古里、阻卜、普速完、唐古、忽母思、奚的、糾而畢十八部王衆，〔六〕諭曰：“我祖宗艱難創業，歷世九主，歷年二百。金以臣屬，逼我國家，殘我黎庶，屠翦我州邑，使我天祚皇帝蒙塵于外，日夜痛心疾首。我今仗義而西，欲借力諸蕃，翦我仇敵，復我疆宇。惟爾衆亦有軫我國家，憂我社稷，思共救君父，濟生民於難者乎？”遂得精兵萬餘，置官吏，立排甲，具器仗。

【校勘記】

〔六〕大黄室韋等十八部　按敵剌，《百官志二》作敵烈；

王紀剌即《金史》之廣吉剌、《元史》之宏吉剌；茶赤剌,《紀》大安十年四月、《百官志二》並作茶札剌,即《元史》之札只剌特；鼻古特,《百官志二》作鼻國德；密兒紀,《紀》壽隆三年二月作梅里急,即《元秘史》之篾兒乞；忽母思,即《百官志二》之胡母思山部,《兵衛志下》之胡母思山蕃；糾而畢,《部族表》作紀而畢。

　　《遼史》卷三十《本紀第三十‧天祚皇帝四》頁三五五至三五六、三六〇

散見未繫年史料

豆莫婁國,在勿吉國北千里,去洛六千里,舊北扶餘也。在失韋之東,東至於海,方二千里。其人土著,有宮室倉庫。多山陵廣澤,於東夷之域最爲平敞。地宜五穀,不生五果。其人長大,性强勇,謹厚,不寇抄。其君長皆以六畜名官,邑落有豪帥。飲食亦用俎豆。有麻布,衣制類高麗而幅大,其國大人,以金銀飾之。用刑嚴急,殺人者死,没其家人爲奴婢。俗淫,尤惡妒婦,妒者殺之,尸其國南山上至腐,女家欲得,輸牛馬乃與之。或言本穢貊之地也。

《魏書》卷一百《列傳第八十八·豆莫婁》頁二二二二

豆莫婁國在勿吉北千里,舊北夫餘也。在室韋之東,〔六八〕東至於海,方二千餘里。其人土著,有居室倉庫。多山陵廣澤,於東夷之域,〔六九〕最爲平敞。地宜五穀,不生五果。其人長大,性强勇謹厚,不寇抄。其君長皆六畜名官,邑落有豪帥。飲食亦用俎豆。〔七〇〕有麻布,衣製類高麗而帽大。〔七一〕其國大人,以金銀飾之。用刑嚴急,殺人者死,没其家人爲奴婢。俗淫,尤惡妒者,殺之尸於國南山上,至腐,女家始得輸牛馬乃與之。〔七二〕或言濊貊之地也。

【校勘記】

〔六八〕在室韋之東　諸本脱"在"字,"韋"訛作"婁",據《魏書》卷一〇〇《豆莫婁國傳》改。

〔六九〕於東夷之域　諸本"域"訛作"城",據《魏書》改。

〔七〇〕飲食亦用俎豆　諸本脱"俎"字,據《魏書》補。

〔七一〕衣製類高麗而帽大　《魏書》"帽"作"幅",是。

〔七二〕女家始得輸牛馬乃與之　《魏書》"始"作"欲",是。

《北史》卷九十四《列傳第八十二・豆莫婁》頁三一三一、三一四六

　　地豆于國,〔五〕在失韋西千餘里。多牛羊,出名馬,皮爲衣服,無五穀,惟食肉酪。延興二年八月,遣使朝貢,至于太和六年,貢使不絶。十四年,頻來犯塞,高祖詔征西大將軍、陽平王頤擊走之。自後時朝京師,迄武定末,貢使不絶。

【校勘記】

〔五〕地豆于國　《北史》卷九四"于"作"干"。按本書他處也多作"地豆于",間亦作"干",《北史》則多作"干",間作"于",今仍之。

《魏書》卷一百《列傳第八十八・地豆于》頁二二二二、二二二五

　　地豆干國〔七三〕在室韋西千餘里。多牛、羊,出名馬,皮爲衣服,無五穀,惟食肉酪。延興二年八月,遣使朝貢,至于太和六年,貢使不絶。十四年,頻來犯塞,孝文詔征西大將軍陽平王頤擊走之。自後時朝京師,迄武定末,貢使不絶。及齊

受禪,亦來朝貢。

【校勘記】

〔七三〕地豆干國　《魏書》卷一〇〇作"地豆于"。按本書紀傳多作"干",《魏書》紀傳多作"于",未知孰是,今本書統一作"干"。

《北史》卷九十四《列傳第八十二·地豆干》頁三一三一、三一四六

其豆莫婁、地豆干、烏洛侯,歷齊周及隋,朝貢遂絕,其事故莫顯云。

《北史》卷九十四《列傳第八十二·論曰》頁三一三八

地豆于〔二七〕　地豆于在室韋西千餘里。多牛羊,出名馬。皮爲衣服,無五穀,唯食肉酪。後魏孝文帝延興二年,遣使朝貢。

【校勘記】

〔二七〕地豆于　《魏書地豆于傳》二二二二頁、《太平寰宇記》卷一九九同。《北史地豆干傳》三一三一頁"于"作"干"。

《通典》卷第二百《邊防十六·北狄七·地豆于》頁五四八八、五五〇六

地豆于在室韋西千餘里,多牛、羊,出名馬。皮爲衣服。無五穀,唯食肉、酪。魏孝文帝延興二年,遣使朝貢。

《太平寰宇記》卷一百九十九《四夷二十八·北狄十一·地豆于》頁三八一六

地豆于國，在室韋西千餘里，多牛羊，出名馬。皮爲衣服。無五穀，惟食肉酪。魏延興三年，遣使朝貢。至太和六年，貢使不絕。十四年，頻犯塞，孝文詔征西大將軍陽平王頤擊走之。自後時朝京師，迄武定末不絕，齊時亦入貢。

《文獻通考》卷三百四十七《四裔二十四·地豆于》頁二七一七

今所在者，有七十餘蕃。謂三姓葛邏禄，處蜜，處月，[一四〇]三姓咽蔑，[一四一]堅昆，拔悉蜜，[一四二]窟内有姓殺下，突厥，奚，契丹，遠番靺鞨，渤海靺鞨，室韋，和解烏羅護，烏素固，達未婁，達垢，日本，新羅，大食，吐蕃，波斯，拔汗那，康國，安國，石國，俱戰，提敎律國，罽賓國，東天竺，西天竺，南天竺，北天竺，中天竺，吐火羅，米國、火尋國，[一四三]骨咄國，訶毗施國，曹國，拂菻國，謝颭敎時山屋馱國，獅子國，真臘國，尸科佛誓國，婆利國，葱嶺國，俱位國，林邑國，護密國，怛没國，愊怛國，烏萇國，迦葉彌羅國，無靈心國，蘇都瑟那國，史國，俱密國，于建國，可薩國，遏曜國，習阿薩般國，龜兹國，疏勒國，于闐國，焉耆國，突騎施等七十國，各有土境，分爲四蕃焉。

【校勘記】

〔一四〇〕處月　“月”字原本訛作“同”，嘉靖、廣雅二本亦然，據《舊唐書·突厥傳下》改。

〔一四一〕三姓咽蔑　《隋書·突厥傳》“姓”作“索”。

〔一四二〕拔悉蜜　“悉”字原本訛作“蕃”，嘉靖、廣雅二本亦然，據《舊唐書·突厥傳上》改。

〔一四三〕火尋國　《舊唐書·突厥傳下》“尋”作“燖”。

《唐六典》卷四《禮部尚書·主客尚書》頁第一二九至

一三〇、一四八

　　驅度寐，隋時聞焉，在室韋之北。其人甚長而衣短，不索髮，皆裹頭。居土窟中。唯有豬，更無諸畜。人輕捷，一跳三丈餘，又能立浮，臥浮，履水没腰，〔三四〕與陸走不別。數乘大船，至北室韋抄掠。無甲冑，以石爲矢鏃。

　　【校勘記】

　　〔三四〕履水没腰　“水”原訛“冰”，據明刻本、朝鮮本、王吴本、殿本改。

　　《通典》卷第二百《邊防十六・北狄七・驅度寐》頁五四八九至五四九〇、五五〇七

　　驅度寐，隋時聞焉，在室韋之北。其人甚長而衣短，不索髮，皆裹頭。居土窟中。惟有豬，更無諸畜。〔六一〕人輕捷，一跳三丈餘，又能立浮、臥浮，〔六二〕履水没腰，與陸走不別。數乘大船至北室韋抄掠。無甲冑，以石爲矢鏃。

　　【校勘記】

　　〔六一〕更無諸畜　“諸”底本作“他”，據宋版、傅校及《通典・邊防一六》改。萬本、《庫》本皆作“别”。

　　〔六二〕臥浮　底本脱，《庫》本同，據宋版、萬本、傅校及《通典・邊防一六》補。

　　《太平寰宇記》卷一百九十九《四夷二十八・北狄十一・驅度寐》頁三八一七、三八三〇

　　驅度寐，隋時聞焉。在室韋之北。其人甚長而衣短，不

束髮，皆裏頭。居土窟中。惟有猪，更無諸畜。人輕捷，一跳三丈餘，又能立浮、卧浮，履水浸腰，與陸走不異。數乘大船至北室韋鈔掠。無甲冑，以石爲矢鏃。

《文獻通考》卷三百四十七《四裔二十四·驅度寐》頁二七一七

契丹，居潢水之南，[九]黄龍之北，鮮卑之故地，在京城東北五千三百里。東與高麗鄰，西與奚國接，南至營州，北至室韋。冷陘山在其國南，與奚西山相崎，地方二千里。逐獵往來，居無常處。其君長姓大賀氏。勝兵四萬三千人，分爲八部，若有徵發，諸部皆須議合，不得獨舉。獵則別部，戰則同行。本臣突厥，好與奚鬬，不利則遁保青山及鮮卑山。其俗死者不得作冢墓，以馬駕車送入大山，置之樹上，亦無服紀。子孫死，父母晨夕哭之；父母死，子孫不哭。其餘風俗與突厥同。

【校勘記】

〔九〕潢水　各本原作“黄水”，據《唐會要》卷九六、《新書》卷二一九《契丹傳》改。

《舊唐書》卷一百九十九下《列傳第一百四十九下·北狄·契丹》頁五三四九、五三六五

契丹，本東胡種，其先爲匈奴所破，保鮮卑山。魏青龍中，部酋比能稍桀驁，爲幽州刺史王雄所殺，衆遂微，逃潢水之南，黄龍之北。至元魏，自號曰契丹。地直京師東北五千里而贏，東距高麗，西奚，南營州，北靺鞨、室韋，阻冷陘山以

自固。射獵居處無常。其君大賀氏，有勝兵四萬，析八部，臣於突厥，以爲俟斤。凡調發攻戰，則諸部畢會；獵則部得自行。與奚不平，每鬥不利，輒遁保鮮卑山。風俗與突厥大抵略侔。死不墓，以馬車載尸入山，置於樹顛。子孫死，父母旦夕哭；父母死則否，亦無喪期。

《新唐書》卷二百一十九《列傳第一百四十四·北狄·契丹》頁六一六七

契丹國，居黃水之南，黃莫龍之北數百里。後魏時，爲高麗所侵，部落萬餘口求內附，止于白貔河，其後爲突厥所逼，又以萬家寄於高麗。隋開皇中，背高麗率衆內附，高祖安置於渴奚那頡之北。部落漸衆，遂北徙，逐水草。當遼西正北二百里，依託訖臣水而居，東西亘五百里，南北三百里。分爲十部，兵多者三千，少者千餘。其南者爲契丹，在北者號室韋。一說其國在鮮卑之東故地，距高麗，西至奚，北鄰靺鞨，南接營州，延袤二千里，勝兵萬餘人，分爲八部。又云古匈奴之種，代居遼澤之中，潢水南崖，南距渝與榆同。關千一百里。渝關南距幽州七百里，本鮮卑之舊地也。後唐天祐末，其酋阿保機乃僭稱皇帝，署中國官號，爲城郭宮室之制於漠北。距幽州三千里，名其邑曰西樓邑，屋門皆東向，如車帳之法。城南別作一城，以實漢人，名曰漢城。

《冊府元龜》卷九五八《外臣部·國邑二》頁一一二七八

契丹自後魏以來，名見中國。或曰與庫莫奚同類而異種。其居曰梟羅箇沒里。沒里者，河也。是謂黃水之南，黃龍之北，得鮮卑之故地，故又以爲鮮卑之遺種。當唐之世，其地北接室韋，東鄰高麗，西界奚國，而南至營州。

《新五代史》卷七十二《四夷附録第一》頁八八五至八八六

遼國其先曰契丹，本鮮卑之地，居遼澤中；去榆關一千一百三十里，去幽州又七百一十四里。南控黃龍，北帶潢水，冷陘屏右，遼河塹左。高原多榆柳，下隰饒蒲葦。當元魏時，有地數百里。至唐，大賀氏蠶食扶餘、室韋、奚、靺鞨之區，地方二千餘里。貞觀三年，以其地置玄州。尋置松漠都督府，建八部爲州，各置刺史：達稽部曰峭落州，紇便部曰彈汗州，獨活部曰無逢州，芬阿部曰羽陵州，突便部曰日連州，芮奚部曰徒河州，墜斤部曰萬丹州，伏部曰匹黎、赤山二州。以大賀氏窟哥爲使持節十州軍事。分州建官，蓋昉於此。

《遼史》卷三十七《志第七·地理志一》頁四三七至四三八

靺鞨，蓋肅慎之地，後魏謂之勿吉，在京師東北六千餘里。東至於海，西接突厥，南界高麗，北鄰室韋。其國凡爲數十部，各有酋帥，或附於高麗，或臣於突厥。

《舊唐書》卷一百九十九下《列傳第一百四十九下·北狄·靺鞨》頁五三五八

今黑水靺鞨界，南與渤海國顯德府，北至小海，東至大海，西至室韋，南北約二千里，東西約一千里。

《唐會要》卷九十六《靺鞨》頁一七二三至一七二四

　　黑水靺鞨居肅慎地，亦曰挹婁，元魏時曰勿吉。直京師東北六千里，東瀕海，西屬突厥，南高麗，北室韋。離爲數十部，酋各自治。其著者曰粟末部，居最南，抵太白山，亦曰徒太山，與高麗接，依粟末水以居，水源於山西，北注它漏河；稍東北曰汩咄部；又次曰安居骨部；益東曰拂涅部；居骨之西北曰黑水部；粟末之東曰白山部。部間遠者三四百里，近二百里。

《新唐書》卷二百一十九《列傳第一百四十四·北狄·黑水靺鞨》頁六一七七至六一七八

　　初，黑水西北又有思慕部，益北行十日得郡利部，東北行十日得窟說部，亦號屈設，稍東南行十日得莫曳皆部，又有拂湟、虞婁、越喜、鐵利等部。其地南距渤海，北、東際於海，西抵室韋，南北袤二千里，東西千里。

《新唐書》卷二百一十九《列傳第一百四十四·北狄·黑水靺鞨》頁六一七八至六一七九

　　初，黑水西北又有思慕部，益北行十日得郡利部，東北行十日得窟說部，亦號屈設，稍東南行十日，得莫曳皆部，又有拂湟、虞婁、越喜、鐵利等部。其地南距渤海，北、東際於海，西抵室韋，南北袤二千里，東西千里。拂湟、鐵利、虞婁、越喜時時通中國，而郡利，窟說、莫曳皆不能自通。今存其朝京師者附左方。

《文獻通考》卷三百二十六《四裔三・勿吉》頁二五六六
至二五六七

黑水靺鞨,本號勿吉。當後魏時見中國。其國,東至海,
南界高麗,西接突厥,北鄰室韋,蓋肅慎氏之地也。
　　《新五代史》卷七十四《四夷附録第三》頁九二〇

霫,匈奴之別種也,居于潢水北,亦鮮卑之故地,其國在
京師東北五千里。東接靺鞨,西至突厥,南至契丹,北與烏羅
渾接。地周二千里,四面有山,環繞其境。
　　《舊唐書》卷一百九十九下《列傳第一百四十九下・北
狄・霫》頁五三六三

白霫居鮮卑故地,直京師東北五千里,與同羅、僕骨接。
避薛延陀,保奧支水、冷陘山,南契丹,北烏羅渾,東靺鞨,西
拔野古,地圓袤二千里,山繚其外,勝兵萬人。業射獵,以赤
皮緣衣,婦貫銅釧,以子鈴綴襟。其部有三:曰居延,曰無若
没,口潢水。其君長臣突厥頡利可汗爲俟斤。
　　《新唐書》卷二百一十七下《列傳第一百四十二下・回
鶻下》頁六一四五

白霫居鮮卑故地,直京師東北五千里,與同羅、僕骨接。
避薛延陁,保奧支水、冷陘山,南契丹,北烏羅渾,東靺鞨,西
拔野古,地圓袤二千里,山繚其外。勝兵萬人。業射獵,以赤
皮緣衣,婦貫銅釧,以子鈴綴襟。其部有三,曰居延,曰無若

没,曰潢水。其君長臣突厥頡利可汗爲俟斤。

《文獻通考》卷三百四十四《四裔二十一·白霫》頁二六九九

四曰河北道,古幽、冀二州之境,今懷、衛、相、洺、邢、趙、恒、定、易、幽、莫、瀛、深、冀、貝、魏、博、德、滄、棣、媯、檀、營、平、安東,凡二十有五州焉。[四一]其幽、營、安東各管羈縻州。[四二]東並于海,南迫于河,西距太行、恒山,北通渝關、薊門。海在棣、滄、幽、平、營五州之東,河水經懷、衛、相、魏、博、德、棣七州之南境,太行在懷州北,恒山在定州西,渝關在平州東,薊門在幽州北。……遠夷則控契丹、奚、靺鞨、室韋之貢獻焉。

【校勘記】

[四一]凡二十有五州焉 “州”字原本無,正德、嘉靖二本亦然,據廣雅本增。

[四二]其幽營安東各管羈縻州 “各”字原本訛作“冬”,據正德改。

《唐六典》卷三《尚書戶部·戶部郎中》頁六六至六七、八八

河東道:自京西東出蒲津關,經太原,抵河東節度,去西京二千七十五里,去東京一千六百四十五里。關榆林塞北。以頡利左渠故地置定襄都督府,管□□等六州;以右渠地置雲中都督府,管阿史那等五州。道歷三川口,入三山母谷,道通室韋、大落泊,東入奚,西入默啜故地。

《神機制敵太白陰經》卷三《雜儀類》頁七一至七二

中受降城正北如東八十里,有呼延谷,谷南口有呼延柵,

谷北口有歸唐柵，車道也，入回鶻使所經。又五百里至鸊鵜泉，又十里入磧，經麚鹿山、鹿耳山、錯甲山，八百里至山鸑子井。又西北經密粟山、達旦泊、野馬泊、可汗泉、橫嶺、綿泉、鏡泊，七百里至回鶻衙帳。

又別道自鸊鵜泉北經公主城、眉間城、怛羅思山、赤崖、鹽泊、渾義河、爐門山、木燭嶺，千五百里亦至回鶻衙帳。東有平野，西據烏德鞬山，南依嗢昆水，北六七百里至仙娥河，河北岸有富貴城。又正北如東過雪山松樺林及諸泉泊，千五百里至骨利幹，又西十三日行至都播部落，又北六七日至堅昆部落，有牢山、劍水。

又自衙帳東北渡仙娥河，二千里至室韋。骨利幹之東，室韋之西有鞠部落，亦曰袚部落。其東十五日行有俞折國，亦室韋部落。又正北十日行有大漢國，又北有骨師國。骨利幹、都播二部落北有小海，冰堅時馬行八日可度。海北多大山，其民狀貌甚偉，風俗類骨利幹，晝長而夕短。

回鶻有延姪伽水，一曰延特勒泊，曰延特勒那海。烏德鞬山左右嗢昆河、獨邏河皆屈曲東北流，至衙帳東北五百里合流。泊東北丁餘里有俱倫泊，泊之四面皆室韋。

《新唐書》卷四十三下《志第三十三下·地理七下》頁一一四八至一一四九

王峻，字巒嵩，靈丘人也。明悟有幹略。高祖以爲相府墨曹參軍，坐事去官。久之，顯祖爲儀同開府，引爲城局參軍。累遷恒州大中正、世宗相府外兵參軍。隨諸軍平淮陰，賜爵北平縣男。除營州刺史。營州地接邊城，賊數爲民患。

峻至州，遠設斥候，廣置疑兵，每有賊發，常出其不意要擊之，
賊不敢發，合境獲安。先是刺史陸士茂詐殺失韋八百餘人，
因此朝貢遂絕。至是，峻分命將士，要其行路，失韋果至，大
破之，虜其首帥而還。因厚加恩禮，放遣之。失韋遂獻誠款，
朝貢不絕，峻有力焉。

　　　　《北齊書》卷二十五《王峻傳》頁三六三至三六四

　　王峻字巒嵩，靈丘人也。明悟有幹略。歷事神武、文襄，
爲相府佐，賜爵北平男，除營州刺史。營州地接邊賊，數爲人
患。峻至州，遠設斥候，廣置疑兵，賊不敢發，合境獲安。先
是，刺史陸士茂詐殺室韋八百餘人，因此朝貢遂絕。至是，峻
要其行路，大破之。虜其酋帥，厚加恩禮，放遣之。室韋遂獻
誠款，朝貢不絕，峻有力焉。

　　　　《北史》卷五十五《王峻傳》頁一九九七

　　王峻爲營州刺史，茹茹主菴羅辰率其餘黨東徙，峻度其必
來，預爲之備。未幾，菴羅辰到，頓軍城西。峻乃設奇伏，大破之，
獲其名王郁久閭豆拔提等數十人，送於京師。菴羅辰於此遁走。
先是，刺史陸士茂詐殺室韋八百餘人，因此朝貢遂絕。至是，峻
分命將士，要其行路，室韋果至，大破之，虜其酋帥而還。因厚加
恩禮，放遣之。室韋遂獻誠款，朝貢不絕，峻有力焉。

　　　　《冊府元龜》卷六九四《牧守部·武功二》頁八二七五至
八二七六

　　始畢可汗咄吉者，啓民可汗子也。隋大業中嗣位，值天

下大亂，中國人奔之者衆。其族强盛，東自契丹、室韋，西盡
吐谷渾、高昌諸國，皆臣屬焉，控弦百餘萬，北狄之盛，未之有
也，高視陰山，有輕中夏之志。

　　《舊唐書》卷一百九十四上《列傳第一百四十四上·突
厥上》頁五一五三

　　隋大業之亂，始畢可汗咄吉嗣立，華人多往依之，契丹、
室韋、吐谷渾、高昌皆役屬，竇建德、薛舉、劉武周、梁師都、李
軌、王世充等倔起虎視，悉臣尊之。控弦且百萬，戎狄熾强，
古未有也。

　　《新唐書》卷二百一十五上《列傳第一百四十上·突厥
傳上》頁六〇二八

　　李多祚，其先靺鞨酋長，號“黄頭都督”，後入中國，世系
湮遠。至多祚，驍勇善射，以軍功累遷右鷹揚大將軍。討黑
水靺鞨，誘其渠長，置酒高會，因醉斬之，擊破其衆。室韋及
孫萬榮之叛，多祚與諸將進討，以勞改右羽林大將軍，遂領北
門衛兵。

　　《新唐書》卷一百一十《列傳第三十五·李多祚》頁四一
二四至四一二五

　　公諱懷恪，字貞節，東莞人。其先出於魯孝公之子彄，
字子臧。大夫得祖諸侯，其孫以王父字爲氏。僖哀二伯，既
納忠於魚鼎；文武兩仲，亦不朽於言哲。丈人成功而遁迹，
子原抗節而舍生。義和辭金飾之器，榮緒奮陽秋之筆。賢達

繼軌,紛綸至今。曾祖滿,隋驃騎將軍。祖寵,皇朝通議大夫靈州都督府長史。父德,朝散大夫,贈銀州刺史。咸務遠圖,克開厥後,恤允之慶,世祀宜哉!公即銀州之第三子也,身長六尺一寸,眉目雄朗,鬚髯灑秀,雅善騎射,尤工尺牘。沈靜少言,寬仁得衆,奇謀沖邈,英勇冠倫。友于弟兄,謹爾鄉黨,每敦詩而執禮,不茹柔以吐剛。莅事而剖判泉流,臨戎而智略鋒起,古所謂文武不墜,高明有融者焉。少以勳勞,亟紆戎級。開元初嘗游平盧,屬奚室韋大下,公挺身與戰,所向摧靡,繇是發名。元宗聞而嘉之,拜勝州都督府長史。

《全唐文》卷三百四十二顏真卿《唐故右武衛將軍贈工部尚書上柱國上蔡縣開國侯臧公神道碑銘》頁三四六七

劉全諒,[八]懷州武陟人也。父客奴,由征行家於幽州之昌平。少有武藝,從平盧軍。開元中,有室韋首領段普恪,恃驍勇,數苦邊;節度使薛楚玉以客奴有膽氣,令抗普恪。客奴單騎襲之,斬首以獻,自白身授左驍衛將軍,充遊奕使,自是數有戰功。

【校勘記】

〔八〕武陟　各本原作"武涉",據本書卷三九《地理志》改。

《舊唐書》卷一百四十五《列傳第九十五·劉全諒》頁三九三八

全諒,始名逸淮,至是賜名,本懷州武涉人也。父客奴,以行戍留籍幽州,事平盧軍,以材力顯。開元中,室韋首領段普洛數苦邊,節度使薛楚玉使客奴單騎襲之,斬首以歸。

《新唐書》卷一百五十一《列傳第七十六·劉全諒》頁
四八二三

開元中，尚書管平盧先鋒軍，屬破奚契丹，從戰捘禄，走
可突於渤海上。至馬都山，吏民逃徙失業，尚書領所部兵塞
其道，堙原累石，綿四百里，深高皆三丈，寇不得進，民還其
居，歲罷運錢三千萬餘。黑水室韋以騎五千來屬麾下，邊威
益張，其後與耿仁智謀説史思明降。思明復叛，尚書與兄承
恩謀殺之。事發族夷，尚書獨走免。李光弼以聞，詔拜“冠
軍將軍”，守右威衛將軍檢校殿中監，封昌化郡王、石嶺軍使。
積粟厲兵，出入耕戰。以疾去職。

《全唐文》卷五百六十一韓愈《烏氏廟碑銘》頁五六八三

濟，字濟，游學京師，第進士，歷莫州刺史。怦病，詔濟假
州事。及怦卒，嗣節度，累遷檢校尚書右僕射、同中書門下平
章事。奚數侵邊，濟擊走之，窮追千餘里，至青都山，斬首二
萬級。其後又掠檀、薊北鄙，濟率軍會室韋，破之。

《新唐書》卷二百一十二《列傳第一百三十七·藩鎮盧
龍·劉怦附劉濟》頁五九七四

子骨力裴羅立。會突厥亂，天寶初，裴羅與葛邏禄自稱
左右葉護，助拔悉蜜擊走烏蘇可汗。後三年，襲破拔悉蜜，斬
頡跌伊施可汗，遣使上狀，自稱骨咄禄毗伽闕可汗，天子以爲
奉義王，南居突厥故地，徙牙烏德鞬山、昆河之間，〔三〕南距西
城千七百里，西城，漢高闕塞也，北盡磧口三百里。悉有九姓

地。九姓者，曰藥羅葛，曰胡咄葛，曰啒羅勿，曰貊歌息訖，曰阿勿嘀，曰葛薩，曰斛嗢素，曰藥勿葛，曰奚邪勿。藥羅葛，回紇姓也，與僕骨、渾、拔野古、同羅、思結、契苾六種相等夷，不列於數。後破有拔悉蜜、葛邏禄，總十一姓，並置都督，號十一部落。自是，戰常以二客部爲先鋒。有詔拜爲骨咄禄毗伽闕懷仁可汗，前殿列仗，中書令内案授册使者，使者出門升輅，至皇城門降，乘馬，幡節導以行。凡册可汗，率用此禮。明年，裴羅又攻殺突厥白眉可汗，遣頓啜羅達干來上功，拜裴羅左驍衛員外大將軍，斥地愈廣，東極室韋，西金山，南控大漠，盡得古匈奴地。裴羅死，子磨延啜立，號葛勒可汗，剽悍善用兵，歲遣使者入朝。

【校勘記】

〔三〕昆河　本書卷四三下《地理志》作"嗢昆河"。《突厥集史》卷一四《新唐書·回鶻傳校注》謂"昆"上脱"嗢"字。

《新唐書》卷二百一十七上《列傳第一百四十二上·回鶻上》頁六一一四至六一一五、六一二八

范希朝字致君，河中虞鄉人。初從邠寧軍爲别將，事節度使韓游瓌。德宗在奉天，以戰守功累兼御史中丞。治軍整毅，游瓌畏其才，將伺隙殺之，希朝懼，奔鳳翔。帝聞，召寘左神策軍。貞元四年，以游瓌政無狀，使代之。希朝曰："始逼而來，終代其任，非所以防覬覦、安反仄也。"固讓左金吾衛將軍張獻甫。軍中憚獻甫嚴，以兵脅監軍使請於帝，必得希朝乃止。詔拜寧州刺史、邠寧節度副使，俾佐獻甫。俄遷振武節度使。部有党項、室韋雜居，暴掠放肆，日入慝作，謂之"刮

城門"。希朝度要害置屯保,斥邏嚴密,鄙民以安。至小竊取亦殺無赦,虜人憚伏,相謂曰:"是必張光晟給姓名來也!"邊州每長帥至,必效橐它駿馬,雖甚廉者猶受之,以結其歡。希朝一不納。積十四年,虜保塞不敢橫。初,單于城地不樹,希朝命蒔柳,數歲成林。貞元末,請朝。時諸鎮不以事自述職者,希朝而已。帝悦,拜右金吾衛大將軍。王叔文用事,謂其易制,用爲右神策統軍,充左右神策京西諸城鎮行營節度使,屯奉天,以韓泰爲副,因欲使泰代之。會不能得神策軍而罷。

《新唐書》卷一百七十《列傳第九十五·范希朝》頁五一六七至五一六八

范希朝爲振武節度使,有党項、室韋交居川皇,凌犯爲盜,日入惡作,謂之刮城門。居人懼駭,鮮有寧日。希朝於要害處置堡柵。斥候嚴密,人遂獲安。異蕃雖鼠竊狗盜,必殺無赦。戎虜憚之曰:"張光晨苦我久矣,聞是乃更姓名而來。"其見畏如此。

《武經總要·後集》卷十五《修城柵》頁五七八

烏氏出自姬姓。黄帝之後,少昊氏以烏鳥名官,以世功命氏。齊有烏之餘,裔孫世居北方,號烏洛侯,後徙張掖。

《新唐書》卷七十五下《表第十五下·宰相世系五下》頁三四六三

始,回鶻常有酋長監奚、契丹以督歲貢,因訶剌中國。仲武使裨將石公緒等厚結二部,執諜者八百餘人殺之。回鶻欲入五原,掠保塞雜虜,乃先以宣門將軍四十七人詭好結歡,仲武賂其下,盡得所謀,因逗留不遣,使失師期,回鶻人馬多病死者,由是不敢犯五原塞。烏介失勢,往依康居,盡徙餘種,寄黑車子部。回鶻遂衰,名王貴種相繼降,捕幾千人。仲武表請立石以紀聖功,帝詔德裕爲銘,揭碑盧龍,以告後世。大中初,又破奚北部及山奚,俘獲雜畜不貲。擢累檢校司徒、同中書門下平章事。卒,謚曰莊。

《新唐書》卷二百一十二《列傳第一百三十七・藩鎮盧龍・張仲武》頁五九八〇至五九八一

大中初,仲武討奚,破之,回鶻寖耗滅,所存名王貴臣五百餘,轉依室韋。仲武諭令羈致可汗等,遏捻懼,挾妻葛祿、子特勒毒斯馳九騎夜委衆西走,部人皆慟哭。室韋七姓析回鶻隸之。黠戞斯怒,與其相阿播將兵七萬擊室韋,悉收回鶻還磧北。遺帳伏山林間,狙盜諸蕃自給,稍歸厖特勒。

《新唐書》卷二百一十七下《列傳第一百四十二下・回鶻下》頁六一三三

光啓時,方天下盜興,北疆多故,乃鈔奚、室韋,小小部種皆役服之,因入寇幽、薊。劉仁恭窮師逾摘星山討之,歲燎塞下草,使不得留牧,馬多死,契丹乃乞盟,獻良馬求牧地,仁恭許之。復敗約入寇。劉守光戍平州,契丹以萬騎入,守光僞與和,帳飲具於野,伏發,禽其大將。群胡慟,願納馬五千以贖,不許,欽德輸重賂求之,乃與盟,十年不敢近邊。

　　《新唐書》卷二百一十九《列傳第一百四十四・北狄・契丹》頁六一七二至六一七三

　　光啓時,方天下盜興,北疆多故,乃鈔奚、室韋小小部種皆役服之。其居曰梟羅箇没里,没里者,河也。是謂黄水之南,黄龍之北,得鮮卑之故地。當唐之末,其地北接室韋,東鄰高麗,西界奚國,而南至營州。

　　《文獻通考》卷三百四十五《四裔二十二・契丹上》頁二七〇一

　　光啓中,其王欽德者,[二]乘中原多故,北邊無備,遂蠶食諸郡,達靼、奚、室韋之屬,咸被驅役,族帳寖盛,有時入寇。

【校勘記】

　　〔二〕欽德　原作“沁丹”,注云:“舊作欽德,今改正。”按此係輯録《舊五代史》時據《遼史・索倫國語解》所改,今恢復原文。

　　《舊五代史》卷一百三十七《外國列傳第一・契丹》頁一八二七、一八三七

　　僖宗光啓中,契丹王習爾稍强盛,時中原多故,習爾遂役屬達靼、奚、室韋等諸部入寇,其後爲幽州劉守光所破,十年不敢犯塞;昭宗天祐四年寇雲中,後唐武皇帝與之連和。

　　《册府元龜》卷九五六《外臣部一・總序》頁一一二四一

　　光啓中，中原多故，北邊無備，其王欽德稍鹽食，韃靼、奚、室韋之屬咸被驅役，族帳寖盛。天祐末，遂冒辱號。欽德政衰，別部酋長阿保機強大，乃攻渤海扶餘城下之，徙其人而盡有其他，又陷中國平、營二州。石晉有國，割幽薊瀛漠涿檀順新媯儒武雲應寰朔蔚十六州賂之。周世宗復收瀛、漠，本朝陷易州，今契丹盡有奚、達靼、室韋、渤海扶餘及中國十八州而據其地。

　　《武經總要·前集》卷十六下《邊防·北蕃地理》頁二五九

　　贊曰：遼之先，出自炎帝，世爲審吉國，其可知者蓋自奇首云。奇首生都菴山，徙潢河之濱。傳至雅里，始立制度，置官屬，刻木爲契，穴地爲牢。讓阻午而不肯自立。雅里生毗牒。毗牒生頦領。頦領生耨里思，大度寡欲，令不嚴而人化，是爲肅祖。肅祖生薩剌德，嘗與黃室韋挑戰，矢貫數札，是爲懿祖。懿祖生匀德實，始教民稼穡，善畜牧，國以殷富，是爲玄祖。玄祖生撒剌的，仁民愛物，始置鐵冶，教民鼓鑄，是爲德祖，即太祖之父也。世爲契丹遙輦氏之夷離堇，執其政柄。德祖之弟述瀾，北征于厥、室韋，南略易、定、奚、霫，始興板築，置城邑，教民種桑麻，習織組，已有廣土衆民之志。而太祖受可汗之禪，遂建國。東征西討，如折枯拉朽。東自海，西至于流沙，北絕大漠，信威萬里，歷年二百，豈一日之故哉！周公誅管、蔡，人未有能非之者。剌葛、安端之亂，太祖既貸其死而復用之，非人君之度乎？舊史扶餘之變，亦異矣夫！

　　《遼史》卷二《本紀第二·太祖下》頁二四

　　遙輦耶瀾可汗十年，歲在辛酉，太祖授鉞專征，[一]破室

韋、于厥、奚三國，俘獲廬帳，不可勝紀。十月，授大迭烈府夷
離堇，明賞罰，繕甲兵，休息民庶，滋蕃群牧，務在戢兵。十一
年，總兵四十萬伐代北，克郡縣九，俘九萬五千口。十二年，
德祖討奚，俘七千户。十五年，遙輦可汗卒，遺命遜位于太
祖。〔二〕

【校勘記】

〔一〕遙輦耶瀾可汗十年歲在辛酉太祖授鉞專征　按《世
表》，耶瀾可汗在唐會昌間，次巴剌可汗在咸通間，又次痕德堇
可汗在光啓間。辛酉歲當天復元年，不合。《太祖紀上》，"唐
天復元年，歲辛酉，痕德堇可汗立，以太祖爲本部夷離堇，專
征討"。較近實際。

〔二〕十五年遙輦可汗卒遺命遜位于太祖　按《太祖紀
上》云，丙寅年"十二月，痕德堇可汗殂"，太祖翌年丁卯歲
"正月，即皇帝位"。

　　《遼史》卷三十四《志第四·兵衛志上》頁三九六、四〇〇

契丹阿保機强盛，室韋、奚、霫皆服屬之。

　　《新五代史》卷七十四《四夷附録第二》頁九〇九

契丹阿保機强盛，室韋、奚、霫皆服屬之。

《文獻通考》卷三百四十四《四裔二十一·庫莫奚》頁
二七〇〇

先是契丹部落分而爲八，以次相代。唐咸通末，有習爾
者爲王，土宇始大。其後欽德爲王，乘中原多故，時入侵邊。

及阿保機稱王，[三]崩，謚太祖。尤雄勇，五姓奚及七姓室韋咸服屬之。太祖擊黃頭室韋還，七部劫之於境上，求如約。太祖不得已，傳旗鼓，[四]且曰："我爲王九年，得漢人多，請帥種落居古漢城，與漢人守之，自爲一部。"七部許之。其後，太祖擊滅七部，復併爲一。又北伐室韋、女真，西取突厥故地。擊奚，滅之，復立奚王，使契丹監其兵。東北諸夷皆畏服之。

【校勘記】

〔三〕及阿保機稱王　"及"原作"乃"，據席本及《通鑑》卷二百六十六改。

〔四〕傳旗鼓　"傳"原作"專"，據席本及《通鑑》卷二百六十六改。

《契丹國志》卷一《太祖大聖皇帝》頁一至二、一〇

太祖皇帝后述律氏，本國契丹人也。勇決多權變，太祖行兵御衆，后嘗預其謀。太祖嘗度磧擊党項，留后守其帳。黃頭、臭泊二室韋乘虛合兵掠之，后知之，勒兵以待其至，奮擊，大破之。由是名震諸夷。

《契丹國志》卷十三《后妃傳・太祖述律皇后》頁一五七

論曰：遼以鞍馬爲家，后妃往往長於射御，軍旅田獵，未嘗不從。如應天之奮擊室韋，承天之御戎澶淵，仁懿之親破重元，古所未有，亦其俗也。

《遼史》卷七十一《列傳第一・后妃》頁一二〇七

太祖爲撻馬狘沙里，參預部族事，曷魯領數騎召小黃室

韋來附。……太祖爲于越，秉國政，欲命曷魯爲迭剌部夷離
堇。辭曰："賊在君側，未敢遠去。"太祖討黑車子室韋，幽州
劉仁恭遣養子趙霸率衆來救。曷魯伏兵桃山，俟霸衆過半而
要之。與太祖合擊，斬獲甚衆，遂降室韋。

　　　　《遼史》卷七十三《列傳第三·耶律曷魯》頁一二二〇

　　時伯父當國，疑輒咨焉。既長，身長九尺，豐上銳下，目
光射人，關弓三百斤。爲撻馬狘沙里。時小黄室韋不附，太
祖以計降之。伐越兀及烏古、六奚、比沙狘諸部，克之。國人
號阿主沙里。

　　　　　　《遼史》卷一《本紀第一·太祖上》頁一

　　當阿保機時，有韓延徽者，幽州人也，爲劉守光參軍，守
光遣延徽聘於契丹。延徽見阿保機不拜，阿保機怒，留之不
遣，使牧羊馬。久之，知其材，召與語，奇之，遂用以爲謀主。
阿保機攻党項、室韋，服諸小國，皆延徽謀也。延徽後逃歸，
事莊宗，莊宗客將王緘譖之，延徽懼，求歸幽州省其母。行過
常山，匿王德明家。居數月，德明問其所向，延徽曰："吾欲復
走契丹。"德明以爲不可，延徽曰："阿保機失我，如喪兩目而
折手足，今復得我，必喜。"乃復走契丹。阿保機見之，果大
喜，以謂自天而下。阿保機僭號，以延徽爲相，號"政事令"，
契丹謂之"崇文令公"，後卒于虜。

　　　　　　《新五代史》卷七十二《四夷附録第一》頁八九〇

　　韓延徽，字藏明，幽州安次人。父夢殷，累官薊、儒、順三

州刺史。延徽少英，燕帥劉仁恭奇之，召爲幽都府文學、平州錄事參軍，同馮道祗候院，授幽州觀察度支使。後守光爲帥，延徽來聘，太祖怒其不屈，留之。述律后諫曰：“彼秉節弗撓，賢者也，奈何困辱之？”太祖召與語，合上意，立命參軍事。攻党項、室韋，服諸部落，延徽之籌居多。乃請樹城郭，分市里，以居漢人之降者。又爲定配偶，教墾藝，以生養之。以故逃亡者少。

　　《遼史》卷七十四《列傳第四·韓延徽》頁一二三一

　　羽之，小字兀里，字寅底哂。幼豪爽不群，長嗜學，通諸部語。太祖經營之初，多預軍謀。天顯元年，渤海平，立皇太子爲東丹王，以羽之爲中臺省右次相。時人心未安，左大相迭剌不踰月薨，羽之蒞事勤恪，威信並行。太宗即位，上表曰：“我大聖天皇始有東土，擇賢輔以撫斯民，不以臣愚而任之。國家利害，敢不以聞。渤海昔畏南朝，阻險自衛，居忽汗城。今去上京遼邈，既不爲用，又不罷戍，果何爲哉？先帝因彼離心，乘釁而動，故不戰而克。天授人與，彼一時也。遺種浸以蕃息，今居遠境，恐爲後患。梁水之地乃其故鄉，地衍土沃，有木鐵鹽魚之利。乘其微弱，徙還其民，萬世長策也。彼得故鄉，又獲木鐵鹽魚之饒，必安居樂業。然後選徒以翼吾左，突厥、党項、室韋夾輔吾右，可以坐制南邦，混一天下，成聖祖未集之功，貽後世無疆之福。”表奏，帝嘉納之。是歲，詔徙東丹國民于梁水，時稱其善。

　　《遼史》卷七十五《列傳第五·耶律覿烈附耶律羽之》頁一二三八

我大聖天皇始有東土,擇賢輔以撫斯民,不以臣愚而任之。國家利害,敢不以聞。渤海昔畏南朝,阻險自衛,居忽汗城。今去上京遼邈,既不爲用,又不罷戍,果何爲哉?先帝因和彼離心,乘釁而動,故不戰而克。天授人與,彼一時也。遺種寖以蕃息,今居遠境,恐爲後患。梁水之地乃其故鄉,地衍土沃,有木鐵鹽魚之利。乘其微弱,徙還其民,萬世長策也。彼得故鄉,又獲木鐵鹽魚之饒,必安居樂業。然後選徒以翼吾左,突厥、党項、室韋夾輔吾右,可以坐制南邦,混一天下,成聖祖未集之功,貽後世無疆之福。

《全遼文》卷四《請徙渤海民於梁水表·耶律羽之》頁六六

耶律休哥,字遜寧。祖釋魯,隋國王。父綰思,南院夷離堇。休哥少有公輔器。初烏古、室韋二部叛,休哥從北府宰相蕭幹討之。應曆末,爲惕隱。

《遼史》卷八十三《列傳第十三·耶律休哥》頁一二九九

張敬詢爲大同軍節度使。至鎮,招撫室韋曷剌鉢于鉞萬餘帳,以捍北邊。

《册府元龜》卷三九七《將帥部·懷撫》頁四七二四

耶律瑤質,字拔里堇,積慶宮人。父侯古,室韋部節度使。

《遼史》卷八十八《列傳第十八·耶律瑤質》頁一三四五

天祚播越,耶律大石立燕晉國王淳;[一二]淳死,與蕭妃奔天德軍。上誅妃,責大石。大石率衆西去,自立爲帝。所歷諸部,附見於後:大黃室韋部。

【校勘記】

〔一二〕耶律大石立燕晉國王淳　燕晉國王,《紀》作秦晉國王。

《遼史》卷六十九《表第七·部族表》頁一一二三、一一二四

醜斡宗室子,魁偉善戰,年十五,隸軍中,多見任用。以兵五百,敗室韋,獲其民衆。

《金史》卷七十一《列傳第九·斡魯》頁一六三三

醜斡,亦宗室子也。年十五隸軍,從太祖伐遼,率濤溫路兵招撫三坦、石里很、跋苦三水鱉古城邑,皆降之。敗室韋五百于阿良葛城,[二]獲其民衆。至是死焉。

【校勘記】

〔二〕敗室韋五百于阿良葛城　按本書卷七一《斡魯傳》記此事作“以兵五百敗室韋,獲其民衆”。①

《金史》卷一百二十一《列傳第五十九·忠義一》頁二六三六、二六五四

---

① 點校修訂本《金史》“校勘記”二七九九頁:敗室韋五百于阿良葛城　本書卷七一《斡魯傳》記此事作“以兵五百,敗室韋,獲其民衆”。與此異。

辛未，金左副元帥宗翰，命諸路州縣同以是日大索南人及拘之于路；至癸酉，罷籍客户，拘之入官；至次年春，盡以鐵索鎖之雲中，于耳上刺官字以誌之，散養民間。既而立價賣之，餘者驅之夏國以易馬，亦有賣於蒙古、室韋、高麗之域者。時金既立劉豫，復以舊河爲界，宗翰恐兩河陷没士庶非本土之人，逃歸豫地，故有是舉。

　　　　《續資治通鑑》卷一百八《宋紀一百八》頁二八六七

　　慶州，契丹舊邑號黑河州，置州在黑山之陽，北至黑山三十里，即遼主隆緒葬所也，近年改爲慶州。東自金河館至饅頭山，西轄輨靼國界，南至潢水二十里，北至室韋國七百里，東南至上京二百五十里。

　　　　《武經總要・前集》卷十六下《邊防・上京四面諸州》頁二七〇

　　東北路都統軍司鎮撫女真、室韋諸部。

　　　　《三朝北盟會編》卷二十一《政宣上帙二十一》頁一五三

　　長春路鎮撫女真、室韋。置黃龍府兵馬都部署司、[二〇]咸州兵馬詳穩司、東北路都統軍司。論曰：契丹之興，其盛如此，其亡也忽焉，惜哉！

【校勘記】

　　〔二〇〕置黃龍府兵馬都部署司　"司"字原闕，從席本、《大典》本、明鈔本及《會編》卷二十一引《亡遼録》增。

　　《契丹國志》卷二十二《州縣載記・控制諸國》頁二三六、

二四四

晉末，契丹主投下兵，謂之“大帳”，有皮室兵約三萬人騎，皆精甲也，爲其爪牙。國母述律氏投下，謂之“屬珊”，有衆二萬。是先，戎主阿保機牙將半已老矣，每南來時，量分借得三五千騎，述律常留數百兵，爲部族根本。其諸大首領太子偉王、永康、南北王、于越、麻荅、五押等，大者千餘騎，次者數百人，皆私甲也。別族則有奚、霫，勝兵亦千餘，人少馬多。又有渤海首領大舍利高模翰兵，〔四〕步騎萬餘人，並髠髮左袵，竊爲契丹之飾。復有近界轄戛斯、于厥里、室韋、女真、党項，亦被脅屬，每部不過千餘騎。

【校勘記】

〔四〕又有渤海首領大舍利高模翰兵　“翰”原作“漢”，據本書前文及《長編》卷二十七載宋琪奏疏之文、《宋會要·蕃夷》一並參考《宋史·宋琪傳》改。高模翰即高松，《遼史》卷七十六有傳。《金史·高楨傳》載楨五世祖牟翰仕遼，官至太師。牟翰亦即模翰。

《契丹國志》卷二十三《兵馬制度》頁二四九

晉末，契丹主部下兵，謂之“大帳”，有皮室兵約三萬騎，人皆精甲兵也，爲其爪牙。國母述律氏部下，謂之“屬珊”，有衆二萬。是先，戎主阿保機牙將，半已老矣，每南來時，量分借五千騎。述律氏常留數百兵，爲部落根本。其諸大酋領太子偉王、永康、南北王、子趙、按子趙乃是于越之譌麻答、五押等，大者千餘騎，次者數百人，皆私甲也。別族則有奚霫，勝兵亦千餘，人少馬多。又有渤海酋，領大舍利高模漢兵，步騎萬餘人，並髠髮左衽，竊爲契丹之飾。復有近界韃靼、于厥里、室韋、女真、党項，亦被脅屬，每部不過千餘騎。

《遼志・兵馬制度》頁四

自京鎮等處，土田豐好，兵馬强盛，地利物産，頗有厚利，其他自中下州，固已寂寥荒漠。然折長補短，地利綿亘，周圍不過五千里，計其所出所産，未必敵河東河北州郡也。其他方兵旅，大約計之，未必滿三十萬，且自諸京統軍司，及寨幕契丹兵，不過十五萬，奚家渤海兵不過六萬，漢兒諸指揮，不過一萬五千，刺字父子軍、五指揮，不過數千，鄉兵、義軍不過三萬，刺手背、揀不中、老弱兵，不過七千。然而分守諸州，及河東河北接界州縣，又東屯女羅、女真、新羅、百濟、野人國、狗國、灰國、黑水國，西屯珠爾布固番、遊獵國、沃濟國、室韋國、托歡番、舒嚕國、党項部族番、達靼國、川瓜、沙州、土番、遇野國土番、夾山土番、西番，諸處，寨戍縱少，亦須十萬，方可分守。外餘二十萬，爲戰鬥之兵，若傾國而來，亦須留三萬人防守外，餘十七萬人，其間亦有負糧、持器、護從等，不過止有十萬人。其來不過一出梁門遂城，一出雄霸，一出雁門句注，一出并代。

《宋朝事實》卷二十《經略幽燕》頁三一四至三一五

當契丹强盛時，擒獲異國人，則遷徙散處于此。南有渤海，北有鐵離、吐渾，東南有高麗、靺鞨，東有女真室韋，[五七]北有烏舍，西北有契丹、回紇、党項，西南有奚，[五八]故此地雜諸國俗。凡聚會處，諸國人言語不通，則各爲漢語以證，方能辨之。

【校勘記】

〔五七〕東有女真室韋　"室韋"原作"韋室"，據《靖康稗史》《三朝北盟會編》卷二〇所載該文改。天一閣鈔本作"宣韋"，實乃"室韋"之誤。

〔五八〕南有渤海至西南有奚　按陳樂素校補本云："所舉諸族位置不確。"疑有誤字。

《大金國志校證》卷之四十《許奉使行程録》頁五六八、五七七

自阿保機相承二百餘年，盡有契丹、奚、渤海及幽、燕、雲、朔故地，四面與高麗、安定女真、黑水、灰國、屋惹國、破古魯、阿里眉，鐵離、靺鞨、党項、突厥、土渾、于厥、哲不古、室韋、越離喜等諸國相鄰，高昌、龜玆、于闐、大小食、甘州人，時以物貨至其國，交易而去。

《文獻通考》卷三百四十六《四裔二十三·契丹下》頁二七一二上

別族則有奚、霤，勝兵亦萬餘人，少馬多步。奚，其王名阿保得者，昔年犯闕時，令送劉瑞、崔廷勳屯河、洛者也。又有渤海首領大舍利高模翰步騎萬餘人，並髡髮左衽，竊爲契丹之飾。復有近界尉厥里、室韋、女真、党項亦被脅屬，每部不過千餘騎。其三部落，吐渾、沙陀，洎幽州管内、雁門已北十餘州軍部落漢兵合二萬餘衆，此是石晉割以賂蕃之地也。蕃漢諸族，其數可見矣。

《宋史》卷二百六十四《列傳第二十三·宋琪》頁九一

二六

部落曰部，氏族曰族。契丹故俗，分地而居，合族而處。有族而部者，五院、六院之類是也；有部而族者，奚王、室韋之類是也；有部而不族者，特里特勉、稍瓦、曷朮之類是也；有族而不部者，遥輦九帳、皇族三父房是也。

　　　　《遼史》卷三十二《志第二·營衛志中》頁三七六

衆部族分隸南北府，守衛四邊，各有司存，具如左。北府凡二十八部。〔四〕

　　……西北路招討司：突吕不部。奥衍女直部。室韋部。

【校勘記】

〔四〕北府凡二十八部　　按《營衛志下》，尚有突吕不室韋部、涅剌拿古部、伯斯鼻古德部屬東北路統軍司，品部屬西北路招討司，均隸北府。凡三十二部。

　　　　《遼史》卷三十五《志第五·兵衛志中》頁四一〇至四一一、四一五

突吕不室韋部。本名大、小二黄室韋户。太祖爲達馬狘沙里，以計降之，乃置爲二部。隸北府，節度使屬東北路統軍司，戍泰州東北。

　　　　《遼史》卷三十三《志第三·營衛志下》頁三八七至三八八

涅剌拏古部。與突吕不室韋部同。節度使戍泰州東。

　　　　《遼史》卷三十三《志第三·營衛志下》頁三八八

涅剌越兀部。以涅剌室韋户置。隸北府,節度使屬西南面招討司,戍黑山北。

《遼史》卷三十三《志第三·營衛志下》頁三九〇

室韋部。聖宗以室韋户置。隸北府,[一四]節度使屬西北路招討司。

【校勘記】

〔一四〕隸北府　"隸北府"三字原脱,據《兵衛志上》補。

《遼史》卷三十三《志第三·營衛志下》頁三九一、三九四

遼屬國可紀者五十有九,朝貢無常。有事則遣使徵兵,或下詔專征;不從者討之。助軍衆寡,各從其便,無常額。又有鐵不得國者,興宗重熙十七年乞以兵助攻夏國,詔不許。吐谷渾。鐵驪。靺鞨。兀惹。黑車子室韋。西奚。東部奚。烏馬山奚。斜離底。[九]突厥。党項。小蕃。沙陀。阻卜。烏古。[一〇]素昆那。胡母思山蕃。波斯。大食。甘州回鶻。新羅。烏孫。燉煌。[一一]賃烈。要里。回鶻。轄戛斯。吐蕃。黃室韋。小黃室韋。大黃室韋。阿薩蘭回鶻。于闐。師子。北女直。河西党項。南京女直。[一二]沙州燉煌。曷蘇館。沙州回鶻。查只底。[一三]蒲盧毛朵。蒲奴里。大蕃。高昌。[一四]回拔。頗里。達里底。拔思母。敵烈。粘八葛。梅里急。[一五]耶覩刮。鼻骨德。[一六]和州回鶻。斡朗改。[一七]高麗。西夏。女直。

【校勘記】

〔九〕斜離底　《百官志二》：“達里得部，亦曰達離底。”按下文有達里底，疑與此爲重出。

〔一〇〕烏古　按《屬國表》作骨里國即烏骨里，亦作于骨里、于厥、于厥里。

〔一一〕燉煌　此與下文沙州燉煌、沙州回鶻爲重出。

〔一二〕南京女直　按《紀》統和二十二年九月“丙午，幸南京。女直遣使獻所獲烏昭慶妻子”。《屬國表》誤作“南京女直遣使獻所獲烏昭慶妻子”。此“南京女直”似沿襲《屬國表》之誤。《紀》大安元年十一月，“以南女直詳穩蕭袍里爲北府宰相”。檢上文有北女直，則此目當作南女直。即《金史·世紀》所謂其在南者籍契丹，號熟女直；其在北者不在契丹籍，號生女直。下文不冠南北之女直，似指完顏强大以後之女直。

〔一三〕查只底　按《部族表》，“太平七年，查只底部來附”。是部，非屬國。

〔一四〕高昌　此與下文和州回鶻爲重出。

〔一五〕梅里急　按《紀》保大五年作密兒紀，即金、元之篾兒乞。

〔一六〕鼻骨德　按《百官志二》作鼻國德。

〔一七〕斡朗改　按斡朗改及嗢娘改本書屢見，一爲屬國，一爲部族。劉師培《左盦集》卷五《遼史·部族表·書後》云，均烏梁海之轉音，《元秘史》作兀良合。

《遼史》卷三十六《志第六·兵衛志下》頁四二九至四三三、四三五至四三六部族,詳見《營衞志》。設官之制具如左。……突呂不室韋部。……大黃室韋部。小黃室韋部。〔一〕二黃室韋闔林,改爲僕射。尤哲達魯虢部。梅古悉部。頡的部。匿訖唐古部。北唐古部。南唐古部。鶴剌唐古部。河西部。北敵烈部。薛特部。伯斯鼻骨部。達馬鼻骨部。〔二〕五國部。已上四十九節度,〔三〕爲小部族。

【校勘記】

〔一〕大黃室韋部小黃室韋部　按《營衞志下》:"突呂不室韋部,本名大、小二黃皮韋户。太祖爲撻狨馬沙里,以計降之,乃置爲二部。"即突呂不室韋、涅剌拏古二部。檢該二部已見上文,此是重出。

〔二〕伯斯鼻骨部達馬鼻骨部　按《營衞志下》作伯斯鼻骨德部、達馬鼻骨德部。

〔三〕已上四十九節度　按自品部至五國部共五十部。突呂不室韋部、涅剌拏古部與大、小二黃室韋部爲前後異名,實四十八部。檢《營衞志下》:"奧里部,統和十二年以與梅只、墮瑰三部民籍數寡,合爲一部。"以上所列有墮瑰無梅只。按在合併之後應除墮瑰,爲四十七部;未合之前,則應加梅只爲四十九部。

《遼史》卷四十六《志第十六·百官志二》頁七二三至七二九、七六七

遼宮帳、部族、京州、屬國,各自爲軍,體統相承,分數秩然。雄長二百餘年,凡以此也。考其可知者如左。……黃皮

室軍詳穩司。黃皮室,屬國名。〔四〕……鶻軍詳穩司。大、小
鶻軍,即二室韋軍號。

【校勘記】

〔四〕黃皮室軍詳穩司黃皮室屬國名　按下文"諸部"名
内有黃皮室韋部。

　　《遼史》卷四十六《志第十六‧百官志二》頁七三五至七
三九、七六七

　　大、小鶻軍,二室韋軍號也。

　　　　　　　　　《遼史》卷百十六《國語解》頁一五三五

　　崞里,室韋部名。

　　　　　　　　　《遼史》卷百十六《國語解》頁一五三六

　　撻林,官名。後二室韋部改爲僕射,又名司空。

　　　　　　　　　《遼史》卷百十六《國語解》頁一五三六

　　西北路招討使司。有知西路招討事,有監軍。西北路
管押詳穩司。西北路總領司。有總領西北路軍事官。領西
北路十二班軍使司。契丹軍詳穩司。吐渾軍詳穩司。述律
軍詳穩司。禁軍詳穩司。奚王府舍利軍詳穩司。大室韋軍
詳穩司。小室韋軍詳穩司。北王府軍詳穩司。特滿軍詳穩
司。群牧軍詳穩司。宮分軍詳穩司。西北路金吾軍。屬南
面。西北路兵馬都部署司。西北路阻卜都部署司。西北路
統軍司。西北路戍長司。西北路禁軍都統司。西北部鎮撫

司。兼掌西北諸部軍民。有鎮撫西北部事官。西北路巡檢司。黑水河提轄司。在中京黔州置。已上西北路諸司,控制諸國。

《遼史》卷四十六《志第十六·百官志二》頁七四八至七五〇

遼制,屬國、屬部官,大者擬王封,小者准部使。命其酋長與契丹人區別而用,恩威兼制,得柔遠之道。考其可知者具如左。屬國職名總目:……室韋國王府。黑車子室韋國王府。……七火室韋部。黃皮室韋部。

《遼史》卷四十六《志第十六·百官志二》頁七五四至七六六

坑冶,則自太祖始併室韋,其地產銅、鐵、金、銀,其人善作銅、鐵器。又有曷朮部者多鐵;"曷朮",國語鐵也。部置三冶:曰柳濕河,曰三黜古斯,曰手山。神册初,平渤海,得廣州,[三]本渤海鐵利府,改曰鐵利州,地亦多鐵。東平縣本漢襄平縣故地,產鐵礦,置采煉者三百户,隨賦供納。以諸坑冶多在國東,故東京置户部司,長春州置錢帛司。太祖征幽、薊,師還,次山麓,得銀、鐵礦,命置冶。聖宗太平間,於潢河北陰山及遼河之源,各得金、銀礦,興冶采煉。自此以訖天祚,國家皆賴其利。

【校勘記】

〔三〕神册初平渤海得廣州　按《紀》,天顯元年二月平渤海,非神册初。《地理志二》,初爲渤海鐵利郡,太祖建鐵利州,開泰七年置爲廣州。

　　　　　《遼史》卷六十《志第二十九・食貨下》頁九三〇、九三三

　　遼之初興,與奚、室韋密邇,土俗、言語大概近俚。至太祖、太宗,奄有朔方,其治雖參用漢法,而先世奇首、遥輦之制尚多存者。子孫相繼,亦遵守而不易。故史之所載,官制、宫衛、部族、地理,率以國語爲之稱號。不有注釋以辨之,則世何從而知,後何從而考哉。今即本史參互研究,撰次《遼國語解》,以附其後,庶幾讀者無齟齬之患云。

　　　　　《遼史》卷百十六《國語解》頁一五三三

　　司馬遷作《史記》,叙四裔於篇末。秦、漢以降,各有其國,彼疆此界,道里云邈。不能混一寰宇,周知種落,鄰國聘貢往來,焉能歷覽。或口傳意記,模寫梗概耳。遼接五代,漢地遠近,載諸簡册可考。西北沙漠之地,樹藝五穀,衣服車馬禮文,制度文爲,土産品物,得其粗而失其精。部落之名,姓氏之號,得其音而未得其字。歷代踵訛,艱於考索。遼氏與諸部相通,往來朝貢,及西遼所至之地,見於《紀》《傳》亦豈少也哉。其事則書於《紀》,部族則於《表》云。正月,黑車子室韋八部降。十月,討黑車子室韋。五月,皇弟惕隱撒剌討烏丸及黑車子室韋。十月,討黑車子室韋。破之。二月,室韋進白麃。九月,黑車子室韋貢名馬。八月,黑車子室韋來貢。五月,黑車子室韋來貢。六月,黑車子室韋來貢。九月,黄室韋叛。十二月,庫古只奏黄室韋掠馬牛,叛去。庫古只與黄室韋戰,敗之,降其衆。賜詔撫諭。二月,大黄室韋酋長

寅底吉叛。五坊人四十户叛入烏古。三月,小黄室韋叛去,
雅里斯、楚思等擊之,爲室韋所敗。遣使讓之。四月,庫古只
奏室韋酋長寅底吉亡入敵烈。三月,振濟室韋、烏古部。

《遼史》卷六十九《表第七·部族表》頁一〇七七至一〇
九四

張文裕言:"契丹嘗云其北室韋人皆三眼,見二眼者則驚
怪之。"又言:"有牛蹄突厥,今永寧軍,庫中有突厥腳二,皆
牛蹄也。"然前史書室韋、突厥傳並不載之。

《東齋記事》卷五頁四三

初,蕭翰聞德光死,北歸,有同州郃陽縣令胡嶠爲翰掌書
記,隨入契丹。……居虜中七年。當周廣順三年,亡歸中國,
略能道其所見。……云:"距契丹國東至於海,有鐵甸,……
又東,女真,……又東南,渤海,又東,遼國,皆與契丹略同。
其南海曲,有魚鹽之利。又南,奚,……又南,至於榆關矣,
西南至儒州,皆故漢地。西則突厥、回紇。西北至嫗厥律,其
人長大,髠頭,酋長全其髮,盛以紫囊。地苦寒,水出大魚,
契丹仰食。又多黑、白、黄貂鼠皮,北方諸國皆仰足。其人最
勇,鄰國不敢侵。又其西,轄戛,又其北,單于突厥,皆與嫗厥
律略同。又北,黑車子,善作車帳,其人知孝義,地貧無所産。
云契丹之先,常役回紇,後背之走黑車子,始學作車帳。又
北,牛蹄突厥,人身牛足,其地尤寒,水曰瓠䚉河,夏秋冰厚二
尺,春冬冰徹底,常燒器銷冰乃得飲。東北,至韈劫子,其人
髠首,披布爲衣,不鞍而騎,大弓長箭,尤善射,遇人輒殺而生

食其肉,契丹等國皆畏之。契丹五騎遇一輜劫子,則皆散走。
其國三面皆室韋,一曰室韋,二曰黃頭室韋,三曰獸室韋。其
地多銅、鐵、金、銀,其人工巧,銅鐵諸器皆精好,善織毛錦。
地尤寒,馬溺至地成冰堆。又北,狗國,人身狗首,長毛不衣,
手搏猛獸,語為犬嘷,其妻皆人,能漢語,生男為狗,女為人,
自相婚嫁,穴居食生,而妻女人食。"……又曰:"契丹嘗選百
里馬二十匹,遣十人齎幹飯北行,窮其所見。其人自黑車子,
歷牛蹄國以北,行一年,經四十三城,居人多以木皮為屋,其
語言無譯者,不知其國地、山川、部族、名號。其地氣,遇平地
則溫和,山林則寒冽。至三十三城,得一人,能鐵甸語,其言
頗可解,云地名頡利烏於邪堰。云'自此以北,龍蛇猛獸、魑
魅群行,不可往矣'。其人乃還。此北荒之極也。"

　　《新五代史》卷七十三《四夷附録第二·契丹》引胡嶠
《陷虜記》頁九〇五至九〇八

　　同州郃陽縣令胡嶠,居契丹七年,周廣順三年,亡歸中國,
略能道其所見。……云:"距契丹國東至于海,有鐵甸……又
東女貢,……又東南渤海,又東遼國,皆與契丹略同。其南
海曲,有魚鹽之利。又南奚,……又南至于榆關矣。西南至
儒州,皆故漢地。西則突厥、回紇。西北至嫗厥律,其人長
大,髡頭,酋長全其髮,盛以紫囊。地苦寒,水出大魚,契丹仰
食。又多黑、白、黃貂鼠皮,北方諸國皆仰足。其人最勇,鄰
國不敢侵。又其西轄戛,又其北單于突厥,皆與嫗厥律略同。
又北黑車子,善作車帳,其人知孝義,地貧無所産。云契丹
之先,常役回紇,後背之,走黑車子,始學作車帳。又北牛蹄

突厥，人身牛足。其地尤寒，水曰瓠瓤河，夏秋冰厚二尺，春冬冰徹底，常燒器銷冰，乃得飲。東北至轍劫子，其人髡首，披布爲衣，不鞍而騎，大弓長箭，尤善射，遇人輒殺而生食其肉，契丹等國皆畏之。契丹五騎遇一轍劫子，則皆散走。其國三面皆室韋，一曰室韋，二曰黃頭室韋，三曰獸室韋。其地多銅、鐵、金、銀，其人工巧，銅、鐵諸器皆精好，善織毛錦。地尤寒，馬溺至地成冰堆。又北狗國，人身狗首，長毛不衣，手搏猛獸，語爲犬嗥，其妻皆人，能漢語，生男爲狗，女爲人，自相婚嫁，穴居食生，而妻女人食。云嘗有中國人至其國，其妻憐之，使逃歸，與其節十餘隻，教其每走十餘里遺一節，狗夫追之，見其家物，必銜而歸，則不能追矣。”其說如此。又曰：“契丹嘗選百里馬二十匹，遣十人齎乾飯北行，窮其所見。其人自黑車子，歷牛蹄國以北，行一年，經四十三城，居人多以木皮爲屋。其語言無譯者，不知其國地、山川、部族名號。其地氣遇平地則溫和，山林則寒冽。至三十三城，得一人，能鐵甸語，其言頗可解，云地名頡利烏于邪堰。云‘自此以北，龍蛇、猛獸、魑魅群行，不可往矣’。其人乃還，此北荒之極也。”

　　《契丹國志》卷二十五《胡嶠陷北記》頁二六五至二六八

　　歐陽氏《五代史記》論曰：初，蕭翰聞德光死，北歸，有同州郃陽縣令胡嶠爲翰掌書記，隨入契丹……居虜中七年。當廣順三年，亡歸中國，略能道其所見。……云：“距契丹國東至於海，有鐵甸……又東，女真……又東，渤海，又東，遼國，皆與契丹略同。其南海曲，有魚鹽之利。又南，奚……又南，至榆關矣，西南至儒州，皆故漢地。西則突厥、回紇。西北至嫗厥律,其人長髦頭,酋長全其髮,盛以紫囊。地嚴寒,水出大魚,契丹仰食。又多黑、白、黃貂鼠皮,北方諸國皆仰之。其人最勇,鄰國不敢侵。又其西,轄戛,又其北,單于突厥,皆與嫗厥律略同。又北,黑車子,善作車帳,其人知孝義,地貧無所產。云契丹之先,常役回紇,後背之走黑車子,始學作車帳。又北,牛蹄突厥,人身牛足,其地尤寒,水曰瓠䐱河,夏秋冰厚二尺,春冬冰徹底,常燒器銷冰乃得飲。東北,至轈劫子,其人髦首,被皮爲衣,不鞍而騎,大弓長箭,尤善射,遇人輒殺而生食其肉,契丹等國皆畏之。契丹五騎遇一轈劫子,則皆散走。其國三面皆室韋,一曰室韋,二曰黃頭室韋,三曰獸室韋。其地多銅、鐵、金、銀,其工巧,銅鐵諸器皆精好,善織毛錦。地尤寒,馬溺至地成冰堆。又北,狗國,人身狗首,長毛不衣,手搏猛獸,語爲犬嗥,其妻皆人,能漢語,生男爲狗,女爲人,自相婚嫁,穴居食生,而妻女人食。云嘗有中國人至其國,其妻憐之使逃歸,與其筯十餘隻,教其每走十餘里遺一筯,狗夫追之,見其家物,必銜而歸,則不能追矣。"其説如此。又曰:"契丹嘗選百里馬二十匹,遣十人齎乾鈔北行,窮其所見。其人自黑車子,歷牛蹄國北,行一年,經四十三城,居人多以木皮爲屋,其語言無譯者,不知其國地山川部族名號。其地氣,遇平地則温和,山林則寒冽。至三十三城,得一人,能鐵甸語,其言頗可解,云地名頡利鳥于邪堰。云:'自此以北,龍蛇猛獸,魑魅群行,不可往矣。'其人乃還。此北荒之極也。"

《文獻通考》卷三百四十五《四裔二十二·契丹上》頁二七〇四至二七〇五

云距契丹國東至於海。有鐵甸。……又東女真。……又東南渤海。又東遼國。皆與契丹略同。其南海曲有魚鹽之利。又南奚與契丹略同。……又南至於榆關矣。西南至儒州。皆故漢地。西則突厥回紇。西北至嫗厥律。其人長大髡頭。酋長全其髮。盛以紫囊。地苦寒。水出大魚。契丹仰食。又多黑白黃貂鼠皮。北方諸國皆仰足。其人最勇。鄰國不敢侵。又其西轄戞。又其北單于突厥。皆與嫗厥律略同。又北黑車子。善作車帳。其人知孝義。地貧無所產。云契丹之先。常役回紇。後背之走黑車子。始學作車帳。又北牛蹄突厥。人身牛足。其地尤寒。水曰瓠䶅河。夏秋冰厚二尺。春冬冰徹底。常燒器消冰乃得飲。東北至轆劫子。其人髡首披布爲衣。不鞍而騎。大弓長箭。尤善射。遇人輒殺。而生食其肉。契丹等國皆畏之。契丹五騎遇一轆劫子。皆散走。其國三面皆室韋。一曰室韋。二曰黃頭室韋。三曰獸室韋。其地多銅鐵金銀。其人工巧。銅鐵諸器皆精好。善織毛錦。地尤寒。馬溺至地成冰堆。又北狗國。人身狗首。長毛不衣。手搏猛獸。語爲犬嗥。其妻皆人。能漢語。生男爲狗。女爲人。自婚嫁穴居食生。而妻女人食。云常有中國人至其國。其妻憐之。使逃歸。與其箭十餘隻。教其走十餘里遺一箭。狗夫追之。見其家物。則銜而歸。則不能追矣。其說如此。又曰。契丹常選百里馬二十匹。遣十人齎乾飯北行。窮其所見。其人自黑車子歷牛啼國以北。行一年。經四十三城。居人多以木皮爲屋。其語言無譯者。不知其國地山川部族名號。其地氣遇平地則温和。山林則寒冽。至三十三城。得一人。能鐵甸語。其言頗可解。云地名頡利烏干邪堰。云自此以北。龍蛇猛獸。魑魅群行。不可往矣。其人乃還。此北荒之極也。

《全唐文》卷八百五十九胡嶠《陷北記》頁九〇一一至九〇一二

契丹地直京師東北五千里而贏，東距高麗，西奚，南營州，北靺鞨、室韋，阻冷陘山以自固。

《遼史》卷六十三《表第一·世表》頁九五二

渤海北有鐵離，吐渾東南有高麗、靺鞨，西有女真、室韋，北有烏舍，西北有契丹、回紇、党項，西南有奚。

《三朝北盟會編》卷二十《政宣上帙二十》頁一四五上

契丹本東胡種，其先爲匈奴所破，保鮮卑山，與庫莫奚異種而同類。及阿保機爲王，最雄勇，北侵室韋、女真，西取突厥故地，擊奚滅之。自稱皇帝，國人謂之天皇王。以妻述律氏爲皇后，置百官，改元神册。述律后勇，多權變。阿保機常度磧擊党項，留述律后守其帳。黃頭室韋乘虛合兵掠之，述律后知之，勒兵以待，奮擊大破之，由是名震諸夷。

《藏書》卷八《世紀·附載·遼》頁一三七

契丹、奚、室韋、女真、韃靼，皆東北夷也。路振《九國志》曰："契丹，古匈奴之種也。代居遼澤之中，潢水南岸。其種有八部，至阿保機並而爲一，韃靼、室韋、女真，皆役屬之，此遼之始也。"

《穀山筆麈》卷之十八《夷考》頁二一一

《唐史》：室韋，契丹別種，在東胡之北邊，蓋丁零苗裔也。在南爲契丹，在北爲室韋，地據黃龍，東鄰黑水，西鄰突厥，南鄰契丹，北瀕海岸。蓋今土蠻所據，即其地也。

《穀山筆麈》卷之十八《夷考》頁二一二

契丹自後魏始見中國，至唐而盛。其地北接室韋，東鄰高麗，西界夷國，南至營州。

《西夏書事校證》卷二頁二三

契丹畜牧之法，西夏與室韋例進馬三百匹。

《西夏書事校證》卷九頁一一一

女真，世居混同江之東山，乃鴨淥水之源。[八]東瀕海，南鄰高麗，西接渤海，北近室韋。其地乃肅慎故區也。

【校勘記】

〔八〕女真世居混同江之東山乃鴨淥水之源　"之東"下當遺"長白"二字。《會編》卷三載：女真"世居混同江之東長白山，鴨淥水之源"。可證。

《契丹國志》卷二十六《諸蕃記·女真國》頁二七五、二七八

金國本名朱里真，……南鄰高麗，北接室韋，西界渤海、鐵離，東瀕海，《三國志》所謂挹婁，元魏所謂勿吉，唐所謂黑

水靺鞨者,今其地也。

《大金國志校證·金國初興本末》頁二

女真古肅慎國也。……東瀕海,南鄰高麗,西接渤海、鐵
離,北近室韋,《三國志》所謂挹婁,元魏所謂勿吉,隋謂之黑
水部,唐謂之黑水靺鞨者,蓋其地也。

《大金國志校證》附録一《女真傳》頁五八三

女真蓋古肅慎氏,世居混同江之東,長白山、鴨渌水之
源,南鄰高麗,北接室韋,西界渤海、鐵甸,東瀕海。

《文獻通考》卷三百二十七《四裔四·女真》頁二五七〇

北方女真部完顔氏,世居混同江之東,南接高麗,北鄰室
韋,西界渤海鐵甸,東瀕海,在夷狄最微。

《西夏書事校證》卷三十三頁三八一

參考文獻

紀傳體史料

(北齊)魏收撰:《魏書》,中華書局,一九七四年。

(唐)李百藥撰:《北齊書》,中華書局,一九七二年。

(唐)魏徵撰:《隋書》,中華書局,一九七三年。

(唐)李延壽撰:《北史》,中華書局,一九七四年。

(後晉)劉昫等撰:《舊唐書》,中華書局,一九七五年。

(宋)歐陽修、宋祁撰:《新唐書》,中華書局,一九七五年。

(宋)薛居正等撰:《舊五代史》,中華書局,一九七六年。

(宋)歐陽修撰:《新五代史》,中華書局,一九七四年。

(宋)鄭樵撰:《通志》,中華書局,一九八七年。

(宋)葉隆禮撰:《契丹國志》,中華書局,二〇一四年。

(金)宇文懋昭、崔文印撰:《大金國志校證》,中華書局,
　一九八六年。

(元)脫脫等撰:《宋史》,中華書局,一九七七年。

(元)脫脫等撰:《遼史》,中華書局,一九七四年。

(元)脫脫等撰:《金史》,中華書局,一九七五年。

編年體史料

（宋）司馬光編著,（元）胡三省音注：《資治通鑑》,中華書局,
　一九五六年。

（宋）李壽撰：《續資治通鑑長編》,中華書局,一九五五年。

（宋）徐夢莘撰：《三朝北盟會編》,上海古籍出版社,一九八七年。

（宋）李心傳撰：《建炎以來繫年要録》,中華書局,二〇一三年。

（清）畢沅撰：《續資治通鑑》,中華書局,一九五七年。

（清）吳廣成撰：《西夏書事校證》,甘肅文化出版社,一九九五年。

典制體史料

（唐）杜佑撰：《通典》,中華書局,一九八八年。

（唐）李林甫等撰：《唐六典》,中華書局,一九九二年。

（宋）王溥撰：《唐會要》,中華書局,一九六〇年。

（元）馬端臨撰：《文獻通考》,中華書局,一九八六年。

類書

（宋）王欽若等編：《册府元龜》,中華書局,一九六〇年。

地理類史料

（宋）樂史撰：《太平寰宇記》,中華書局,二〇〇七年。

其他史料

（唐）李筌撰：《神機制敵太白陰經》,商務印書館,一九三七年。

（唐）李德裕撰：《會昌一品集》,商務印書館,一九三七年。

（宋）曾公亮撰：《武經總要》，商務印書館，二〇一七年。

（宋）葉隆禮撰：《遼志》，商務印書館，一九三六年。

（宋）李攸撰：《宋朝事實》，商務印書館，一九三五年。

（宋）范鎮撰：《東齋記事》，商務印書館，一九三六年。

（明）李贄撰：《藏書》，中華書局，一九五九年。

（明）于慎行撰：《穀山筆麈》，中華書局，一九八四年。

（清）董誥等編：《全唐文》，中華書局，一九八三年。

陳述輯校：《全遼文》，中華書局，一九八二年。

達悟資料輯録

李榮輝　編

凡　例

　　本書包含紀傳體、編年體、典制體史書、大型類書、敦煌文獻、出土碑刻以及其他史料中有關達怛之資料,包括唐朝人等沿用突厥語族部落對室韋的另一個稱謂——達怛,遼人等對室韋—達怛人的另一個稱謂——阻卜,本輯録一併收入。斷限上至唐玄宗開元二十年(732)所立闕特勤碑中骨咄禄重建突厥政權時對三十姓達怛的征討,下至遼保大四年(1124)天祚帝投奔陰山達怛謨葛失。古突厥碑銘中有些紀事都是追溯,其發生的具體年代并不十分清楚,爲了不打亂碑銘中紀事的連續性,古突厥碑銘中關於達怛的紀事全部放在未繫年史料,集中收録。

　　本書收録範圍,凡各類典籍、敦煌文獻、出土碑刻中有"達怛"(包括韃靼、Tatar 等達怛的不同譯寫)和"阻卜"字樣,以及雖無"達怛""阻卜"字樣而其内容爲記載達怛、阻卜部族或人物之事迹者,概予收録。所收資料,酌分段落,無標點者均加標點。

　　本書編排方法:以正史爲主,以本紀爲綱,重出者集中排列,歧異者注明。所收録史料過長時,與達怛關係較小之部分,酌情予以省略。

本書主體分爲三部分：

（一）達怛專傳

（二）散見史料繫年録

（三）散見未繫年史料

散見史料繫年録每條史料均標注公元紀年，輔以該條史料相關的君主年號，以資對照。同年資料，按月編排，記載相同或相近内容之史料按成書年代排序并予以集中。年代可以判斷大致範圍但不能絶對確定者，一般繫於相當年代之末并作出説明。不能或不宜繫年者，則編入散見未繫年史料。所標年月，以正史爲主，正史無可考者，則據《資治通鑑》或其他史料，具有争議者則以注釋説明。所收資料，酌分段落，所用史料爲影印版本者添加標點符號。影印本文字儘量遵循原著，如有明顯謬誤者，根據其他版本或正史酌情改正。明、清影印本中的避諱字，一般恢復爲原字。對舊字形、俗字以及部分異體字，本系列輯録選用規範繁體字代替。文内凡標注爲脚注之字句，均爲編者所加。

本書所收資料，將各史之正文及後人注釋均予收録。注釋及編者自注，俱用小號字體排印。各點校本史料，多附有校勘記，考慮到其學術價值，本系列輯録均予以保留。

達怛專傳

《新五代史》卷七十四《四夷附録第三・達靼》

達靼，靺鞨之遺種，本在奚、契丹之東北，後爲契丹所攻，而部族分散，或屬契丹，或屬渤海，別部散居陰山者，自號達靼。當唐末，以名見中國。有每相温、于越相温，咸通中，從朱邪赤心討龐勛。其後李國昌、克用父子爲赫連鐸等所敗，嘗亡入達靼。後從克用入關破黄巢，由是居雲代之間。其俗善騎射，畜多駞、馬。其君長、部族名字，不可究見，惟其嘗通於中國者可見云。

同光中，都督折文遍，數自河西來貢駞、馬。明宗討王都於定州，都誘契丹入寇，明宗詔達靼入契丹界，以張軍勢，遣宿州刺史薛敬忠以所獲契丹團牌二百五十及弓箭數百賜雲州生界達靼，蓋唐常役屬之。長興三年，首領頡哥率其族四百餘人來附。訖于顯德，常來不絶。

頁九一一

《建炎以來朝野雜記》乙集卷十九《邊防二・韃靼款塞蒙國本末》

韃靼之先，[三〇]與女真同種，蓋皆靺鞨之後也。其國在元魏、齊、周之時稱勿吉,至隋稱靺鞨。其地直長安東北六千里,東瀕海,離爲數十部。部有黑水、白山等名,白山本臣高麗,唐滅高麗,其遺人併入渤海,惟黑水完疆。及渤海盛,靺鞨皆役屬之,後爲奚、契丹所攻,部族分散。其居混同江之上者,曰女直,混同江即鴨綠水。乃黑水遺種也。其居陰山者,自號爲韃靼,[三一]唐末、五代常通中國。太祖、太宗朝,各再入貢,皆取道靈武而來。及繼遷叛命,遂絕不通,因爲契丹所服役。神宗嘗欲自青唐假道以招之,然卒不能達也。韃靼之人,皆勇悍善戰,近漢地者謂之熟韃靼,能種秋稼,以平底瓦釜煮而食之,遠者謂之生韃靼,止以射獵爲生,無器甲,矢用骨鏃而已,蓋以地不產鐵故也,契丹雖通其和市,而鐵禁甚嚴。

【校勘記】

〔三〇〕韃靼之先　"之"上原衍"者"字,據影宋本、蕭本、閣本、函海本刪。

〔三一〕自號爲韃靼　原脫"號爲韃靼"四字,據上引本子及《兩朝綱目備要》卷一三嘉定四年六月丁亥條補。

頁八四七至八四八

《大金國志校證》卷之二十二《紀年·東海郡侯上》

韃靼之先與女真同類,蓋皆靺鞨之後也。其國在元魏齊周之時稱勿吉,至隋稱靺鞨,地直長安東北六千里,東頻海,離爲數十部,有黑水、白山等名。白山本臣高麗,唐滅高麗,其遺人进入渤海,惟黑水完(强)〔疆〕。[一二]及渤海盛,靺鞨皆役屬之。後〔爲〕奚(爲)契丹所攻,[一三]部族分散,其居混同江之上,初名曰女真,混同江即鴨緑水之源,蓋古肅慎之(源)〔地〕也。〔一四〕乃黑水遺种,其居陰山者自號爲韃靼。〔一五〕唐末、五代常通中國,宋初各再入貢。韃靼之人皆勇悍善戰,其近漢地者謂之"熟韃靼",尚能種秋稼,以平底瓦釜煑而食之。其遠者謂之"生韃靼",止以射獵爲生,無器甲,矢用骨鏃而已,蓋以地不産鐵故也。契丹雖通其和市,而鐵禁甚嚴。

【校勘記】

〔一二〕惟黑水完疆　"疆"原作"强",蓋"强"又作"彊",而"彊"與"疆"形近而譌。按《建炎以來朝野雜記乙集》卷一九《韃靼欵塞》條作"疆",天一閣鈔本同,今據改。又,天一閣鈔本"完"下有"顔"字,非。

〔一三〕後爲奚契丹所攻　原作"後奚爲契丹所攻",與上下文義不接,今據同前條所引朝野雜記及天一閣鈔本改。

〔一四〕蓋古肅慎之地也　"地"原作"源",文義不通。章鈺校本徑删去"源"字,改"也"爲"地"。按章鈺以爲"蓋古肅慎之地"甚確,今參《建炎以來朝野雜記乙集》卷一九女真南徙條"蓋古所稱肅慎氏之地也"句并章鈺校本,改"源"爲"地",保留"也"字。

〔一五〕其居陰山者自號爲韃靼　按此處全取《兩朝綱目備要》嘉定四年六月丁亥余嶸使金不至而復條,然備要似全取《建炎以來朝野雜記乙集》卷一九《韃靼欵塞》條,該條只云"其居陰山者自唐末、五代常通中國",未云其"自號爲韃靼"。又下文"熟韃靼""生韃靼"云云,亦不見此條,姑并説明,不再出校。

散見史料繫年録

公元八三〇年　唐文宗太和四年

陘北沙陀素驍勇，沙陀保神武川，在陘嶺之北。陘，音刑。爲九姓、六州胡所畏伏。公綽奏以其酋長朱邪執宜爲陰山都督、代北行營招撫使，使居雲、朔塞下，捍禦北邊。執宜與諸酋長入謁，公綽與之宴。執宜神彩嚴整，進退有禮，公綽謂僚佐曰：“執宜外嚴而內寬，言徐而理當，酋，慈由翻。長，知兩翻。邪，讀曰耶。當，都浪翻。福祿人也。”執宜母妻入見，公綽使夫人與之飲酒，饋遺之。見，賢遍翻。遺，唯季翻。執宜感恩，爲之盡力。爲，于僞翻。塞下舊有廢府十一，《舊書》作“廢柵”，當從之，蓋考之《唐志》，雲、朔塞下無十一府也。執宜脩之，使其部落三千人分守之，自是雜虜不敢犯塞。雜虜，謂退渾、回鶻、韃靼、奚、室韋之屬。

《資治通鑑》卷第二四四《唐紀六十·文宗太和四年》頁七八七〇

公元八四一年　唐武宗會昌元年

秋熱，[六]卿及部下諸官並左相阿波兀等部落黑車子、達怛等平安好。遣書指不多及。

【校勘記】

〔六〕秋熱　原作"秋熟",《叢刊》本、《四庫》本同。按"熟"字誤。今據陸氏校勘、翁本、傅校本、《全文》《編證》改。

《李德裕文集校箋》文集卷第五《詔敕上·賜回鶻嗢没斯特勤等詔書》頁八八至九〇

公元八四二年　唐武宗會昌二年

又踏布合祖云:"發日,〔四〕紇扢斯即移就合羅川,居回鶻舊國。兼以得安西、北庭達怛等五部落。"又云:"昨者二千騎送踏布合祖至磧北,令累路逢着回鶻即煞。"〔五〕踏布自本國至天德西城,更不逢着回鶻一人,無可煞戮。〔六〕又恐回鶻與吐蕃通信,已令兵馬把斷三河口道路。則籌略兵馬之勢,〔七〕揣度可知。且興廢在天,否泰有運。紇扢斯以寡爲衆,〔八〕以弱爲彊,〔九〕豈止人謀,固是天贊。古人云:"大福不再來。"蓋以天亡之後,終難再振。若欲且依黑車子延引歲時,不惟雄豪所恥,實亦諸蕃輕笑。倘紇扢斯逼逐,則黑車子之心,焉可保信?

【校勘記】

〔四〕發日　原作"□□",缺兩字,《叢刊》本、《編證》同。《四庫》本、《全文》奪兩字。今據陸氏校勘、翁本、傅校本補。

〔五〕即煞　《全文》作"即殺"。

〔六〕煞戮　《全文》作"殺戮"。

〔七〕則籌略兵馬之勢　傅校本作"測籌兵勢"。

〔八〕以寡爲衆　"衆",原作"重",《叢刊》本同。今據翁本、《四庫》本、《全文》《編證》改。

〔九〕以弱爲彊　原作“以弱爲疆”，《叢刊》本、傅校本同。按“疆”字誤。今據陸氏校勘、翁本、《四庫》本、《全文》《編證》改。

《李德裕文集校箋》卷第八《奉宣代諸道節度使書上·代劉沔與回鶻宰相書白》頁一七四至一七六

黠戛斯遣將軍踏布合祖等至天德軍，言：“先遣都吕施合等奉公主歸之大唐，至今無聲問，不知得達，或爲奸人所隔。今出兵求索，索，山客翻。上天入地，期於必得。”索，山客翻。上，時掌翻。又言：“將徙就合羅川，居回鶻故國，回鶻舊居薛延陀北娑陵水上，去長安七千里。開元中破突厥，徙牙烏德犍山昆河之間，南距漢高闕塞一千七百里。兼已得安西、北庭達靼等五部落。”李心傳曰：達靼之先與女真同種，靺鞨之後也。靺鞨本臣高麗，唐滅高麗，其遺人迸入勃海，惟黑水完疆。及勃海盛，靺鞨皆役屬。後爲奚、契丹所攻，部族分散。其居混同江之上者曰女真，乃黑水遺種也。其居陰山者，自號爲韃靼。韃靼之人皆勇悍善戰，其近漢地者謂之熟韃靼，尚能種秋稼，以平底瓦釜煮而食之。其遠者謂之生韃靼，以射獵爲生，無器甲，欠貫骨鏃而已。余謂李心傳蜀人也，安能知直北事，特以所傳聞書之。

《資治通鑑》卷第二四六《唐紀六十二·武宗會昌二年十月》頁七九六八

公元八五七年　唐宣宗大中十一年

北狄亂，其種爭立，宣宗問可使絶域者，宰相上公名，因得假尚書郎，賜緋衣，介王端章而去。未至虜帳，遇他虜遮我，

留磧中，欲盡殺漢使者，劫取一切物，且僞言我爲當立者，索
展禮。公曰："斯□□圖之？"端章曰："已在虎口中，尚誰與
圖！"公曰："不可即允之。"端章手持册，與讀未畢，虜噪而攻
我，凡旗節、車馬、璽幣、裝橐盡劫去。行人幸不死，脱歸。

《唐故義武軍節度副使檢校尚書户部郎中兼御史中丞賜
紫金魚袋李公墓誌》，《大唐西市博物館藏墓誌》頁九五二至
九五三

　　元弘進步向前，啓僕射："元弘本使王瑞(端)章，奉敕持
節北入單于，充册立使。行至雪山南畔，遇逢背逆回鶻一千
餘騎，當被劫奪國册及諸敕信。〔一○〕元弘等出自京華，素未諳
野戰，彼衆我寡，遂落奸虞。"〔一一〕僕射聞言，心生大怒。"這
賊争敢輒爾猖狂，〔一二〕恣行凶害。"向陳元弘道："使人且歸
公館，便與根尋。"〔一三〕由(猶)未出兵之間，至十一年八月
五日，伊州刺史王和清差走馬使至，云："有背叛回鶻五百餘
帳，〔一四〕首領翟都督等將回鶻百姓已到伊州側。"(下缺)

【校勘記】

〔一○〕國册　國家册封的文書。敕信：天子詔命出使的
文書。

〔一一〕奸虞　奸計，"奸"同"奸"。

〔一二〕輒爾　隨便任意。敦煌本《降魔變文》"王問須
達緣何事，輒爾買園將作寺？"

〔一三〕根尋　尋根究底。敦煌本《降魔變文》"妄説地
獄天堂，根尋無人見"。

〔一四〕帳　按西北游牧民族居住於帳幕之中。故一户

稱爲一帳。《舊唐書・迴紇傳》："又有沙陀部落六千餘帳，與北庭相依，亦屬迴紇。"杜甫《秦州雜詩二十首》之三："降虜兼千帳，居人有萬家。"

　　　　　《張議潮變文》，《敦煌變文選注》頁三二一

　　入迴鶻册禮使、衛尉少卿王端章貶賀州司馬，副使國子禮記博士李潯爲郴州司馬，判官河南府士曹李寂永州司馬。端章等出塞，黑車子阻路而迴故也。

　　　　　《舊唐書》卷十八下《本紀第十八下・宣宗》頁六四〇

　　王端章册立回鶻可汗，道爲黑車子所塞，不至而還。辛卯，貶端章賀州司馬。

　　　　　《資治通鑑》卷二四九《唐紀六十五・宣宗大中十一年十月》頁八〇六六

公元八六八年　唐懿宗咸通九年

　　承訓奏乞沙陀三部落使朱邪赤心及吐谷渾、達怛、契苾酋長各帥其衆以自隨；怛，當葛翻。帥讀曰率。詔許之。

　　　　　《資治通鑑》卷二五一《唐紀六十七・懿宗咸通九年十一月》頁八一三一

公元八八〇年　唐僖宗廣明元年

　　七月，沙陀三部落李友金等開門迎大軍，克用聞之，亟來赴援，爲李可舉之兵追擊，大敗於藥兒嶺。李琢、赫連鐸又擊敗于蔚州，降文達，李克用部下皆潰，獨與國昌及諸兄弟北入

達靼部。

《舊唐書》卷十九下《本紀第十九下·僖宗》頁七〇七

六月,李涿引大軍攻蔚州,獻祖戰不利,乃率其族奔於達靼部。居數月,吐渾赫連鐸密遣人賂達靼以離間獻祖,既而漸生猜阻。武皇知之,每召其豪右射獵於野,或與之百步馳射馬鞭,或以懸針樹葉爲的,中之如神,由是部人心伏,不敢竊發。俄而黃巢自江、淮北渡,武皇椎牛釃酒,饗其酋首,酒酣,喻之曰:"予父子爲賊臣讒間,報國無由。今聞黃巢北犯江、淮,必爲中原之患。一日天子赦宥,有詔徵兵,僕與公等南向而定天下,是予心也。人生世間,光景幾何,曷能終老沙堆中哉!公等勉之。"達靼知無留意,皆釋然無間。

《舊五代史》卷二十五《唐書一·武皇紀一上》頁三三四至三三五

薛志勤,蔚州奉誠人,小字鐵山。初爲獻祖帳中親信,乾符中,與康君立共推武皇定雲中,以功授右牙都校,從入達靼。

《舊五代史》卷五五《唐書三十一列傳七·薛志勤》頁七三九

及獻祖入達靼,君立保感義軍。武皇授雁門節度,以君立爲左都押牙,從入關,逐黃蘗,黃蘗,原本作"黃辟",考薛史前後多稱黃巢餘黨爲黃蘗,今改正。(影庫本粘籤)收長安。

《舊五代史》卷五五《唐書三十一列傳第七·康君立》頁

七三八

琢進攻蔚州，國昌敗，與克用舉宗奔達怛。鐸密界酋長
圖之，克用得其計，因豪桀大會馳射，百步外針芒木葉無不
中，部人大驚，即倡言：“今黃巢北寇，爲中原患，一日天子赦
我，願與公等南向定天下，庸能終老沙磧哉！”達怛知不留，
乃止。

　　《新唐書》卷二一八《列傳第一百四十三·沙陀》頁六一
五七至六一五八

廣明元年，招討使李琢會幽州李可舉、雲州赫連鐸擊沙
陀，克用與可舉相拒雄武軍。其叔父友金以蔚、朔州降于琢，
克用聞之，遽還。可舉追至藥兒嶺，大敗之，琢軍夾擊，又敗
之于蔚州，沙陀大潰，克用父子亡入達怛。

克用少驍勇，軍中號曰“李鴉兒”，其一目眇，及其貴也，
又號“獨眼龍”，其威名蓋于代北。其在達怛，久之，鬱鬱不得
志，又常懼其圖己，因時時從其群豪射獵，或掛針于木，或立
馬鞭，百步射之輒中，群豪皆服以爲神。

　　《新五代史》卷四《唐本紀第四·莊宗上》頁三十二至三
十三

李琢、赫連鐸進攻蔚州，李國昌戰敗，部衆皆潰，獨與克
用及宗族北入達怛。宋白曰：達怛者，本東北方之夷，蓋靺鞨之部
也。貞元、元和之後，奚、契丹漸盛，多爲攻劫，部衆分散，或投屬契丹，
或依于勃海，漸流徙于陰山，其俗語訛，因謂之達怛。唐咸通末，有首領

每相温、于越相温部，帳于漠南，隨草畜牧。李克用爲吐渾所困，嘗往依焉。達靼善待之。及授鴈門節度使，二相温帥族帳以從克用，收復長安，逐黃巢於河南，皆從戰有功，由是俾牙于雲、代之間，恣其畜牧。詔以鐸爲雲州刺史、大同軍防禦使；吐谷渾白義成爲蔚州刺史；“白義成”，一作“白義誠”。薩葛米海萬爲朔州刺史；加李可舉兼侍中。

　　達靼本靺羯之別部也，居于陰山。歐陽修曰：靺鞨本在奚、契丹東北，後爲契丹所攻，部族分散，居陰山者自號達靼。洪景盧曰：蕃語以華言譯之，皆得其近似耳。天竺，語轉而爲捐篤、身毒；禿髮，語轉而爲吐蕃；達靼，乃靺鞨也。契丹之讀如喫，惟新唐書有音。冒頓讀如墨突，惟晉書音義有之。後數月，赫連鐸陰賂達靼，使取李國昌父子，李克用知之，時與其豪帥遊獵，置馬鞭、木葉或懸針，射之無不中，帥，所類翻；下同。射，而亦翻。中，竹仲翻。豪帥心服。又置酒與飲，酒酣，克用言曰：“吾得罪天子，願效忠而不得。今聞黃巢北來，必爲中原患，一旦天子若赦吾罪，得與公輩南向共立大功，不亦快乎！人生幾何，誰能老死沙磧邪！”達靼知無留意，乃止。赫連鐸蓋説誘達靼豪帥，以李克用父子才勇，久留達靼，必將并有其部落，故使殺之。而克用與其豪帥言，欲與之南向勤王，達靼豪帥知其志大，決不肯久居陰山，圖并其部落，彼既無圖我之心，我何苦殺之，於是遂止。

　　《資治通鑑》卷二五三《唐紀六十九·僖宗廣明元年七月》頁八二三一至八二三二

公元八八一年　唐僖宗中和元年

　　三月，陳景思齎詔入達靼，召李克用軍屯蔚州，克用因大掠雁門已北軍鎮。

　　《舊唐書》卷十九下《本紀第十九下·僖宗》頁七一〇

克用募達怛萬人，趨代州，將南道太原，節度使鄭從讜塞石嶺關，不得前，克用儌道至太原，營城下五日，邀糧貨，從讜不答，乃大略，還屯代州。

《新唐書》卷二一八《列傳第一百四十三·沙陀》頁六一五八

後從達怛入關，逐黃寇。凡征行無不衛從，於昆弟之間，最推仁孝，小心恭謹，武皇尤友愛之。

《舊五代史》卷五〇《唐書二十六宗室列傳二·李克寧》頁六八五

友金以五百騎齎詔詣達怛迎之，李克用入達怛，見上卷廣明元年。李克用帥達怛諸部萬人赴之。《考異》曰：《實錄》"陳景斯齎詔入達怛召李克用，軍屯蔚州，克用因大掠雁門以北軍鎮。"薛居正《五代史》："先是，景思與李友金發沙陀諸部五千騎南赴京師。友金，即武皇之族父也。中和元年二月，友金軍至絳州，將渡河，刺史瞿稹謂景思曰："巢賊方盛，不如且還代北，徐圖利害。"四月，友金旋軍雁門，瞿稹至代州，半月之間，募兵三萬，營於崞縣之西，其軍皆北邊五部之眾，不閑軍法，瞿稹、李友金不能制。友金謂景思云云，景思然之，促奏行在。天子乃以武皇爲雁門節度使，仍令以本軍討賊。李友金發五百騎齎詔召武皇於達怛，武皇即帥達怛諸部萬人趨雁門。"按景思謂敕國昌父子，而獨克用至者，蓋國昌已老，獨使克用來耳。是歲，克用但攻掠太原，又陷忻、代二州。明年十二月，始自忻、代留後除雁門節度使。蓋此際止敕其眾，復爲大同防禦使。及陷忻、代，自稱留後，朝廷再召之，始除雁門。薛史誤也。新表，"中和二年，以河東忻、代二州隸雁門節度，更大同節度爲雁門節度，治代州。"此其證也。

《資治通鑑》卷第二五四《唐紀七十·僖宗中和元年三月》頁八二四八

公元八八二年　唐僖宗中和二年

中和二年，蔚州刺史蘇祐會赫連鐸兵將攻代州，克用率騎五百先襲蔚州，下之。祐屯美女谷，鐸與幽州李可舉衆七萬攻蔚州，譙栅相屬。克用直擣營，入蔚州，燔府庫，棄而去，屯雁門。國昌自達靼率兵歸代州。擾汾、并、樓煩，不釋鎧。帝詔克用還軍朔州。

於是義武節度使王處存、河中節度使王重榮傳詔招克用同討巢。克用喜，即大閱雁門，得忻、代、蔚、朔、達靼衆三萬、騎五千而南。

《新唐書》卷二一八《列傳第一百四十三·沙陀》頁六一五八

李國昌自達靼帥其族遷于代州。李克用既據代州，故其父帥其族自達靼還。帥，讀曰率。

《資治通鑑》卷第二五五《唐紀七十一·僖宗中和二年八月》頁八二七四

公元八八六年　唐僖宗光啓二年

40. ......, The ügäs came on the fifteenth day and another envoy the Chinese king, inhabitant of the city Ling-tu of

Ṣuofang, Sūṃ Śāṃ-śū. And he sent men to me, the humble servant, saying, Here is the envoy of Yūttin land (=Khotan), how can I meet them? And through the whole time he did not meet me. Then at the end of month Hamārrīṃja (third month of spring) the troop stationed in Ṣacū came, and then twenty-five ugäs brought a

50. troop of two thousand Cumuḍas, and two hundred Tatars. When they entered Kamcū on the third day Buka the Khan died, and the wife and two daughters. On the eighth day the troop departed and they went as far as Śaṃdamä. And they did not venture among the Turks, but they returned. Then the Cumuḍas were angered. They said, When was it the practice of Uigurs and Chinese, who led our men over a month's country but did not lead them to the point but went away......

110. ......, What concerned the grain, then had been able to sow only a little and that too they had not harvested. The Tatars who now inhabit Buhäthuṃ, they rode two or three times to Karataγ and

120. Ḍyau-tcvinä. That which is the road from Sūk-cū to Ḍyau-tcvinä, that is closed by Tatars. From Ḍyau-tcvinä as far as Yipkin-taγ in Kamcū, there the buḍämacīya of the Tarduš, Ttūḍīśa and Türk Bayarku are. What is the (power) of the great men, that power has vanished and the power of inferior men has increased. And now also apart from a bird

in the air the envoy of another man has not passage one to another......

40. ……第十五日于伽們和住於靈州朔方的中國使臣宋尚書來了，他派人來賤臣處，說：這里是于闐使臣嗎？我怎樣才能和他們相見？但是整個時期他没有來會我，於是在春季第三個月末尾沙州的軍隊來了，二十五位于伽帶領

50. 兩千仲雲人與二百達坦人同來。他們進入甘州第三天，毗伽可汗及其妻與二女被殺，第八天軍隊就離開，遠至山丹（samdamä）。他們不敢在突厥中冒險就回去了，於是仲雲都火了，他們說：這是回鶻人和沙州人玩的手段，他們領導我們達一個多月的陸地馳驅，却没有帶到最後（決戰）地點就走開了……

110. ……至於穀物多少可以種一點，但幾乎不能收穫，現住在 Buhäthun 的達坦人，騎二時或者三時可到黑山

120. 或者蓼泉，從蓼泉到肅州的道路已被達坦人封閉。從蓼泉一直到甘州的紫山有達頭的 budama-ciya，多羅斯（Ttudisa）與突厥拔野古。有權勢的要人的權力已經消失，而下級人的權力已經增長。現除空中的飛鳥外，没有另外的使臣往來彼此之間……

P.2741, Saka Documents TEXT VOLUME, pp.65-66. 漢譯摘录於黄盛璋：《敦煌于闐文 P.2741、Ch.00296、P.2790 號文書疏正》，《西北民族研究》，一九八九年第二期。

80. ......As to the Khan (Khagan?), he is young. His command is not now obeyed in the city.

90. Without that what man will go? And the Tatars are

killing on the road. How could it be in Kamcū? Where in places they meet with Uigurs outside the city, those Uigurs are dying of hunger.

89. 汗是個小孩子,他的命令不能行於城中,

90. 没有這些(條件),人將如何去(甘州)? 達怛人正將殺之於途中,怎樣/?

Ch.00269 Extract, Saka Documents TEXT VOLUME, p.111. 漢譯摘録於黄盛璋:《敦煌于闐文 P.2741、Ch.00296、P.2790 號文書疏正》,《西北民族研究》,一九八九年第二期。

公元九〇一年　　唐昭宗天復元年

況僕臨戎握兵,粗有操斷,屈伸進退,久貯心期。勝則撫三晉之民,敗則徵五部之衆,長驅席卷,反首提戈。但慮隳突中原,爲公後患,四海群謗,盡歸仁明,終不能見僕一夫,得僕一馬。鋭師儻失,則難整齊,請防後艱,願存前好。矧復陰山部落,是僕懿親;迴紇師徒,累從外舍。

《舊五代史》卷六〇《唐書三十六·列傳第十二·李襲吉傳》頁八〇三

公元九〇二年　　唐昭宗天復二年

友寧長驅略汾、慈、隰州,皆下,遂圍太原,攻西門。德威、嗣昭循山挈餘衆得歸,克用大恐,身荷版築,率士拒守,陰於嗣昭、德威謀奔雲州。李存信曰:“不如依北蕃。”國昌妻劉語克用曰:“聞王欲委城入蕃,審乎? 計誰出?”曰:“存信等爲此。”劉曰:“彼牧羊奴,安辦遠計。王常笑王行瑜失城走而

死,若何效之？且王頃居達靼,危不免。必一朝去此,禍不旋踵,渠能及北虜哉？"

《新唐書》卷二一八《列傳第一百四十三·沙陀》頁六一六四至六一六五

梁遣氏叔琮、康懷英等連歲攻晉,圍太原,晉兵屢敗,太祖憂窘,不知所爲。大將李存信等勸太祖亡入北邊,收兵以圖再舉,太祖然之。入以語夫人,夫人問誰爲此謀者,曰："存信也。"夫人罵曰："存信,代北牧羊兒耳,安足與計成敗邪！且公嘗笑王行瑜棄邠州走,卒爲人擒,今乃自爲此乎？昔公亡在達靼,幾不能自脫,賴天下多故,乃得南歸。今屢敗之兵,散亡無幾,一失其守,誰肯從公？北邊其可至乎？"

《新五代史》卷十四《唐太祖家人傳第二·正室劉氏》頁一四一至一四二

李存信曰："關東、河北皆受制於朱溫,我兵寡地蹙,守此孤城,彼築壘穿塹環之,環,音宦。以積久制我,我飛走無路,坐待困斃耳。今事勢已急,不若且入北虜,徐圖進取。"嗣昭力爭之,克用不能決。劉夫人言於克用曰："存信,北川牧羊兒耳,代北之地謂之北川,以陘嶺之北皆平川也。安知遠慮！王常笑王行瑜輕去其城,死於人手,王行瑜死見二百六十卷乾寧二年。今日反效之邪！且王昔居達靼,幾不自免,賴朝廷多事,乃得復歸。事見二百五十三卷僖宗廣明元年。幾,居依翻。今一足出城,則禍變不測,塞外可得至邪！"

《資治通鑑》卷第二六三《唐紀七十九·昭宗天復二年

三月》頁八五七〇

公元九一八年　遼太祖神册三年

二月,達旦國來聘。癸亥,城皇都,以禮部尚書康默記充版築使。梁遣使來聘。晉、吳越、渤海、高麗、回鶻、阻卜、党項及幽、鎮、定、魏、潞等州各遣使來貢。

〈〈遼史〉〉卷一〈〈本紀第一・太祖上〉〉頁十二

渤海、高麗、回鶻、阻卜、党項各遣使來貢。

〈〈遼史〉〉卷七〇〈〈表第八・屬國表〉〉頁一一二六

公元九二一年　遼太祖神册六年

耶律安搏,曾祖巖木,玄祖之長子;祖楚不魯,爲本部夷離菫。父迭里,幼多疾,時太祖爲撻馬狘沙里,常加撫育。神册六年,爲惕隱,從太祖將龍軍討阻卜、党項有功。

〈〈遼史〉〉卷七七〈〈列傳第七・耶律安搏〉〉頁一二五九

公元九二四午　遼太祖天贊三年

是日,大舉征吐渾、党項、阻卜等部。

九月丙申朔,次古回鶻城,勒石紀功。庚子,拜日于蹛林。丙午,遣騎攻阻卜。

〈〈遼史〉〉卷二〈〈本紀第二・太祖下〉〉頁十九至二〇

西討吐渾、党項、阻卜。

攻阻卜。

《遼史》卷七〇《表第八・屬國表》頁一一二七

公元九二五年　　後唐莊宗同光三年

二月,河西部族折文通貢駝馬。

《冊府元龜》卷九七二《外臣部・朝貢五》頁一一二五三

六月癸亥,雲州上言,去年契丹從磧北歸帳,達靼因相掩擊,其首領于越族帳自磧北以部族羊馬三萬來降,〔一七〕已到南界,今差使人來赴闕奏事。

【校勘記】

〔一七〕于越　原作裕悦,注云:"舊作于越,今改正。"按此係輯録舊五代史時據遼史索倫國語解所改,今恢復原文。

《舊五代史》卷三二《唐書八・莊宗紀第六》頁四四八、四五一

公元九二六年　　後唐莊宗同光四年

正月,達怛都督折文通貢駝馬。

《冊府元龜》卷九七二《外臣部・朝貢五》頁一一二五四

公元九二八年　　後唐明宗天成三年

四月,達怛使人朝貢。

《冊府元龜》卷九七二《外臣部・朝貢五》頁一一二五四

乙酉,達靼遣使朝貢。

《舊五代史》卷三九《唐書十五・明宗紀第五》頁五三七

乙酉,達靼遣使者來。

　　　　《新五代史》卷六《唐本紀第六・明宗》頁五九

　　明宗討王都於定州,都誘契丹入寇,明宗詔達靼入契丹界,以張軍勢,遣宿州刺史薛敬忠以所獲契丹團牌二百五十及弓箭數百賜雲州生界達靼,蓋唐常役屬之。

　　　　《新五代史》卷七四《四夷附録第三》頁九一一

公元九二九年　　後唐明宗天成四年

丙寅,[一二]達靼來朝貢。

【校勘記】

〔一二〕丙寅,原作“丙戌”,據殿本、劉本改。按二十史朔閏表,天成四年八月丁酉朔,無丙戌,丙寅爲三十日。

　　　　《舊五代史》卷四〇《唐書十六・明宗紀第六》頁五五四、五五七

　　九月,党項折义通進馬。
　　十月,達怛首領張十三朝貢。

　　　　《册府元龜》卷九七二《外臣部・朝貢五》頁一一二五四至一一二五五

公元九三一年　　後唐明宗長興二年

庚辰,達靼使列六薛孃居來。

　　　　《新五代史》卷六《唐本紀第六・明宗》頁六三

二月,雲州上言:韃靼胡禄末族帳到州界市易。

《册府元龜》卷九九九《外臣部·互市》頁一一五六三

公元九三二年　後唐長興三年　遼太宗天顯七年

三月,達怛常葛蘇進馬十疋及方物。

《册府元龜》卷九七二《外臣部·朝貢五》頁一一二五五

六月,達靼首領頡哥以其族來附。

《新五代史》卷六《唐本紀第六·明宗》頁六四

長興三年,首領頡哥率其族四百餘人來附。訖于顯德,常來不絕。

《新五代史》卷七四《四夷附録第三》頁九一一

九月庚子,阻卜來貢……

十一月丁亥,遣使存問獲里國。丁未,阻卜貢海東青鶻三十連。

《遼史》卷三《本紀第三·太宗上》頁三四

阻卜貢海東青鶻。

《遼史》卷七〇《表第八·屬國表》頁一一三〇

公元九三三年　遼太宗天顯八年

二月辛亥,吐谷渾、阻卜來貢……

六月甲寅,阻卜來貢。甲子,回鶻阿薩蘭來貢。

秋七月戊寅,行納后禮。癸未,皇子提離古生。丁亥,鐵驪、女直、阻卜來貢。

冬十月乙巳,阻卜來貢。

《遼史》卷三《本紀第三·太宗上》頁三四至三五

（二月）吐渾、阻卜來貢。

（六月）阻卜來貢。

（七月）阻卜來貢。尢不姑來貢。

（十月）阻卜來貢。尢不姑來貢。

《遼史》卷七〇《表第八·屬國表》頁一一三〇

公元九三五年　後唐末帝清泰二年

太原奏,達靼部族於靈邱安置。

《舊五代史》卷四七《唐書二十三·末帝紀中》頁六五二

公元九三七年　後晉天福二年　遼太宗天顯十二年

達怛犯塞,拔拒交鋒。統領軍兵,臨機變策。立丈夫兒之志節,一人獨勇而當千；星散雲飛,異類橫屍而遍野。東收七郡,意氣侔樊噲之功。西定六蕃,用軍有燒牛之策。

《陰善雄藐真贊並序》P.2970號,《敦煌碑銘贊輯釋》頁四七五

公元九三九年　遼太宗會同二年

九月甲戌,阻卜阿離底來貢。

《遼史》卷四《本紀第四·太宗下》頁四六

阻卜來貢。

《遼史》卷七〇《表第八·屬國表》頁一一三二

公元九四〇年　　遼太宗會同三年

甲寅,阻卜來貢。

《遼史》卷四《本紀第四·太宗下》頁四八

阻卜來貢。阻卜及賃烈國來貢。阻卜來貢。[四]

【校勘記】

〔四〕阻卜來貢　按本月三次阻卜來貢,未著不同部分,史文重複。

《遼史》卷七〇《表第八·屬國表》頁一一三二至一一三三、一一九四

公元九四一年　　後晋高祖天福六年　　遼太宗會同四年

阻卜來貢。

《遼史》卷七〇《表第八·屬國表》頁一一三三

承福等懼,遂歸命焉。帝優以繒帛米糒,奏於河東安置,而重榮以遣記室盧陶傳檄遠近,[二〇]以退渾、達靼、契苾同起爲名,至是無一人赴者,大沮其勢,皆帝之謀也。

【校勘記】

〔二〇〕以　原作“北”。據宋本改。

《冊府元龜》卷八《帝王部・創業第四》頁八三、八七

十一月丙寅，晉以討安重榮來告。庚午，吐谷渾請降，遣使撫諭。阻卜來貢，以其物賜左右。

　　　　　　《遼史》卷四《本紀第四・太宗下》頁五〇

公元九四二年　遼太宗會同五年

辛卯，阻卜，鼻骨德、烏古來貢……
八月辛酉，女直、阻卜、烏古各貢方物。

　　　　　　《遼史》卷四《本紀第四・太宗下》頁五二

阻卜貢方物。
阻卜來貢。

　　　　　　《遼史》卷七〇《表第八・屬國表》頁一一三四

公元九四六年　遼太宗會同九年

乙卯，以阻卜酋長曷剌爲本部夷離菫。

　　　　　　《遼史》卷四《本紀第四・太宗下》頁五七

公元九五〇年　後漢隱帝乾佑三年

秋八月，達靼來附。

　　　　　　《新五代史》卷十《漢本紀第十・隱帝》頁一〇六

公元九五八年　後周世宗顯德五年

壬申，至自淮南，回鶻、達靼遣使來。

《新五代史》卷十二《周本紀第十二》頁一二二

公元九六二年　宋太祖建隆三年

又去五月十五日,被肅州家一鷄悉□作引道人,領達怛賊壹佰,已來與瓜州、會稽兩處,同日下打將人口及牛馬,此件不懺責道人。

《曹元忠於回鶻可汗書》P.2155V(2)號節錄,《法藏敦煌西域文獻》(07)頁一三一至一三二

公元九六四年　宋太祖乾德二年

孟冬漸寒,伏惟北宅夫人、司空小娘子尊體起居萬福!即日(君)者者人馬平善與(己)達□□,不用優(憂)心,即當妙矣。切囑夫人與君者者沿路作福,袄寺燃燈,他劫不望(忘)。又囑司空更兼兵士,遠送前呈(程)。善諮令公賜與羊酒優勞,合有信儀,在於沿路,不及晨(祖)送,謹奉狀起居不宣,謹狀。十月十九日公主君者者狀上北宅夫人妝前。①

《君者者與北宅夫人書》S.2241號,錄自譚蟬雪:《〈君者者狀辨析〉——河西達怛國的一份書狀》,《1994年敦煌國際研討會文集——紀念敦煌研究院成立五十周年·宗教文史卷下》頁一〇〇

---

①譚蟬雪據 P.2629 考證君者者爲達怛家公主,參見譚蟬雪:《〈君者者狀辨析〉——河西達怛國的一份書狀》,《1994年敦煌國際研討會文集——紀念敦煌研究院成立五十周年·宗教文史卷下》,甘肅民族出版社,二〇〇〇年。

（八月）十六日,窟上酒一瓮,達家壘舍酒壹瓮……

（九月）廿四日達家小娘子發色酒伍升……

（十月）十二日千渠送達家娘子酒壹瓮……

《歸義軍衙內破酒曆》P.2629 號節録,《敦煌社會經濟真迹釋録》第 3 輯頁二七五至二七六

公元九六六年　宋太祖乾德四年

于塔坦國天王娘子及宰相允越皆遣使來修貢。國史及會要俱稱四年夏,因附此,《新》《舊録》無之。

《續資治通鑒長編》卷七《太祖乾德四年六月》頁一七三

達靼。乾德四年。貢方物。

《宋朝事實》卷十二《儀注二》頁二○五

公元九六七年　宋太祖乾德五年

{7}$// thyen the'i wong gyi zha snga nas// bdag cag ngan pa yang/'dir mchisna// dar'dos{8}ayen'jo rtag par yar sgra bgyid pa'i slad bzhin /rgyal po la zhuspa las//rgyal po{9}gyis kyang//dar'dos ayen'jo blon po byi rog//stong ste'imgo rnams la lung sol{10}bgyis//dar'dos ayen'jo'i blon po byi rog rnams kyang //bzang ma lus par bcas/{11}sug cur mchis nas//de'i yun zi'i gtsugs lag khang du//da tar ju ngul hor{12}bcas/gnam mtho mtha'tshigs bgos//myi cig lcag cig du bgyis//yar{13}sha cab phyogs su di ring phan cad//rta mgo myi bstan sgra myi rgyug par bgyis//gang zhig{14}rkog nas

song'am/snga rgyugs byas te rta sga bstad de/sha cu phyogs
jag byi pa yod na/{15}bu byas na pha bsad par bgyis//nu bo
song na pho bo bsad par bgyis //

天大王［thyen the'i wong］尊前，吾等卑職來達此處時，
按達頭［dar'dos，即右翼］因出［ayen'jo］（即部族首領）頻
繁上報之樣報告給王［rgyal po］，故王［rgyal po］給達頭因
出的大臣梅錄［byi rog］與部族首領們下達了鄭重指示。達
頭因出的大臣梅錄們率領衆賢來到肅州［sug cur］。在大雲
寺［de'i yun zi］佛堂，和達靼［da tar］、仲雲［ju ngul］、胡
［hor 即甘州回鶻］一同約以多聞天王爲誓，人各甩一鞭，定今
後不可在西面的沙州方面出馬揚鳴。若有密行暗渡或急備
鞍馬在沙州方面掠奪者，子爲誅父，弟行戮兄。

《肅州府主致河西節度使狀譯釋》P.T.1189 號節錄，拉丁
文轉寫錄自任小波：《唐宋之際河西地區的部族關係與護國
信仰——敦煌 PT1189.r 號肅州府主致河西節度使狀譯釋》，
《西域歷史語言研究集刊》第七輯頁一〇八。漢文翻譯轉錄
自白玉冬：《肅州領主司徒上河西節度天大王書狀》，《九姓達
靼遊牧王國史研究》（8—11 世紀）頁一〇八

公元九六九年　宋太祖開寶二年

塔坦國天王娘子之子策卜迪來貢。會要不記其時。
　　《續資治通鑑長編》卷十《太祖開寶二年十二月》頁二三七

開寶二年。貢方物。
　　　　《宋朝事實》卷十二《儀注二》頁二〇一

公元九七九年　遼景宗乾亨元年

八月壬子,阻卜惕隱曷魯、夷離董阿里覩等來朝。

　　　　　　《遼史》卷九《本紀第九·景宗下》頁一○二

公元九八○年至九八二年　宋太宗太平興國五年至七年

　　八日支索都衙家住達怛身故助葬,細供十分、胡併(餅)三十枚,用麵三斗四升,油八合,准舊。①

　　《歸義軍衙府面油破歷》S.2474 號節錄,《英藏敦煌社會歷史文獻釋錄》第十二卷頁一八一

公元九八一年　宋太宗太平興國六年

　　都頭安再勝、都衙趙再成、李衍悉鷄等:

　　右。今月廿日寅時,孔僧正、沙彌定昌、押衙唐憨兒等叄人走來。況再勝等聞訊向東消息,言説:"迴鶻、達怛及肅州家相合,就大雲寺對佛設誓,則説向西行兵。"其僧正身患,且仕二五日,瓜州將患,便取西來。更有微細事理,僧正等來日分説。謹具狀陣聞。謹錄狀上。牒件狀如前。謹牒。

　　太平興國陸年十月日,都頭安再勝、都衙趙再成等

　　《宋太平興國陸年十月都頭安再勝都衙趙再成等牒》P.3412 號,《法藏敦煌西域文獻》二十四冊頁一三二

---

①郝春文認爲此文書内容爲九百八十年至九百八十二年事,參見《英藏敦煌社會歷史文獻釋錄》十二卷,第一百八十二頁關於此文書的説明。

……二月三日,酒一斗,僧録用。六日麵肆還鬥,造道糧,達怛朝定送路用。九日豆叁斗,種子用。十日酒一甎,馬都料家助葬用。十三日,酒一斗,看侍達怛朝定用……

《辛巳年十二月十三日周僧正於常住庫借貸油麵物曆》S.6452 號節録,《敦煌社會經濟文獻真迹釋録》(第二輯)頁二三九

都頭吕富定

伏以富定准都官例,著馬壹疋,與知客趙清漢乘騎達坦〔一〕内爲使,迴來路上致死。未蒙支給,伏乞太傅恩慈,特賜公憑。專請 處分。

辛巳年八月　日

【校勘記】

〔一〕"坦"下可能有殘缺。

《都頭吕富定爲乘騎死亡請賜公憑狀表》P.4525 號,《敦煌社會經濟文獻真迹釋録》(第三輯)頁六二一

太平興國六年。八年貢方物。

《宋朝事實》卷十二《儀注二》頁二〇五

公元九八二年　宋太宗太平興國七年
遼聖宗乾亨四年

伏以今月十七日,支達怛大部跪拜來大棉綾被子三領、胡壹張。未蒙判憑。伏請處分。壬午年閏十二月 日頭私知内庫官高。

《壬午年閏十二月都頭知内庫官某狀》P.4061V 號,《法藏西域敦煌文獻》(三十一册)頁五〇

十二月戊午朔,耶律速撒討阻卜。
　　　　《遼史》卷十《本紀第十·聖宗一》頁一〇八

討阻卜。
　　　　《遼史》卷七〇《表第八·屬國表》頁一一三八

§12. Discourse on the Toghuzghuz Country and its Towns

East of it is the country of China; south of it, some parts of Tibet and the Khallukh; west of it, some parts of the Khirkhīz; north of it, also the Khirkhīz (who?) extend along all the Toghuzghuz country (andar hama hudūd-i ū biravadh). This country is the largest of the Turkish countries and originally (dar asl) the Toghuzghuz were the most numerous tribe (qaum). The kings of the whole of Turkistān in the days of old were from the Toghuzghuz. They are warlike people (mardumānī jangī) possessing great numbers of arms. In summer and winter (dimistān!) they wander from place to place along the grazing grounds (giyā-khwar) in the climates which (happen to be) the best (khushtar buvadh). From their country comes much musk, as well as black, red, and striped foxes, furs (mū) of the grey squirrel, sable-marten, ermine (qāqum), weasel (fanak?), sabīja

(?), khutū-horns, and yaks (ghizhghāv). The country has few amenities, and their commodities are the things (ālāt) which we have enumerated, as well as sheep, cows, and horses. The country possesses innume rable streams. The wealthiest (of the Toghuzghuz?) are the Turks (Turkān). The Tātār too are a race (jinsī) of the Toghuzghuz.

'The Regions of the World': A Persian Geography, 372 A.H.-982 A.D, p94.

第 12 章　關於九姓古思國及其諸城鎮

其東爲中國,南面是吐蕃的某些部分和葛邏禄,西面是黠戛斯的某些部分,北面也是黠戛斯。(黠戛斯人?)遍佈於九姓古斯國全境沿邊各地。在突厥諸國中,此國最大,而九姓古斯人起初也是人數最多的一部。在古代,全突厥斯坦的國王皆出自九姓古思部。他們是一個好戰的民族,擁有大量的武器。他們隨著氣候之適宜,冬夏沿草場轉移遷徙。九姓古斯國出産大量麝香,還有黑、紅色狐皮,灰鼠皮、黑貂皮、貂皮、黃鼠狼、羚羊角、犀牛角及犛牛等。該國宜人之環境甚少,其物産就是上述那些,還有羊、牛、馬。該國有無數河流。他們(九姓古思人?)是突厥人中之最富有者。韃靼人也是九姓古思人的一種。

《世界境域志》頁六八至六九

公元九八三年　宋太平興國八年　遼聖宗統和元年

辛巳,速撒獻阻卜俘……

乙酉,以速撒破阻卜,下詔褒美;仍諭與大漢討党項諸部。

《遼史》卷十《本紀第十·聖宗一》頁一〇八至一〇九

統和初,爲左皮室詳穩,討阻卜有功。

《遼史》卷八八《列傳第十八·蕭排押》頁一三四一

破阻卜。

《遼史》卷七〇《表第八·屬國表》頁一一三九

八年,其使安首盧與韃靼使來貢。

《宋會要輯稿》卷二一一九九《蕃夷四之十二·高昌》頁七七一九

塔坦國遣使唐特墨與高昌國使安骨盧俱入貢。骨盧復道夏州以還。特墨請道靈州,且言其國王欲觀山川迂直,擇便路入貢,詔許之。

《續資治通鑑長編》卷二四《太宗太平興國八年十二月》頁五六六

公元九八四年　宋太宗雍熙元年　遼聖宗統和二年

下面,我們首先移録百衲本《宋史》卷九四〇《高昌傳》中的《西州程記》,以( )表示《文獻通考》本之不同,以[ ]表示王明清《揮麈前録》本之不同,擬整理出一個嚴密的校訂本。

王延德　《西州程記》

二、自戈壁沙漠至伊州

次歷樓子山，無居人，行沙磧中，以日爲占，旦則背日，暮則向日，日中（下）則止。夕行望月亦如之。次歷卧（羊）梁劾特族地，有都督山，唐回鶻之地。次歷大蟲太子（太子大蟲）族，族接契丹界，人衣尚錦繡（綿），器用金銀，馬乳釀酒，飲之亦醉。次歷屋地因（目）族，蓋達子于越王子之子。① 次至達于［千］于越王子族，［（此九族鞾靼中尤通考作猶尊者）］。次歷拽利王子族，有合羅川，唐回鶻公主所居之地，城基尚在，有湯泉（之）池。［（傳曰，契丹舊爲回紇牧羊，達靼舊爲回紇牧牛傍點八字不見通考本，回紇徙甘州，契丹・達靼，遂各爭長攻戰。）］次歷阿墩族，經馬駿（總）（鬃）山望鄉嶺，嶺上石龕［（庵）］有李陵題字處。次歷格囉美源，西方百川所會，極望無際，鷗鷺鳧鴈（雁）之類甚衆。次至托邊城，亦名李僕射城，城中通領號通天王。次歷小石州，次歷伊州，……

……七月，令延德先還其國。其王九月揮麈録無九月二字始至。亦聞有契丹使來，［（使缺唇揮麈録作唇缺以銀葉蔽之。）］謂其王云：“［（聞漢遣使，入達靼而道出王境揮麈録境作鏡，誘王窺邊，宜早送至達靼，無使久留。因云）］高敝［昌］本漢土（主），漢使來覘視封域，將有異圖，王當察之。”延德偵知其語，因謂王曰：“契丹［（犬戎）］素不順中國，今乃反間，

────────────

①點校本《宋史》“達子于越”爲“達于于越”，“達于”除此之外，不見文獻記載，似爲達干（Tarqan）之訛，達干爲柔然、突厥、回鶻常用官號，即蒙元時期的達剌罕，參見韓儒林：《蒙古答剌罕考》，《穹廬集》，十八至四十六頁。

我欲殺之。"王固勸乃止。

自六年五月離京師,七年四月至高昌,所歷以詔賜諸國
(蕃)君長襲衣、金帶、繒帛。八年春,與其謝恩使凡百餘人復
循舊路而還,雍熙元年四月至京師。〔(延德初至達怛之境,
頗見晉末陷虜者之子孫,咸相率遮迎,獻食。問其鄉里親戚,
意甚悽感,留旬日,不得去,延德之所過云。揮麈録作自叙云)
此雖載于國史,而世莫熟知用書于編,以俟通道九夷八蠻,將
使指者,或取諸此焉。〕景德元年,又遣使金延福來貢。

　　　　《西州程記》,《絲綢之路史研究》頁六一八至六二二

時有契丹使者來,謂師子王曰:"聞漢遣使達怛而道出王
境,誘王窺邊,宜早送至達怛,無使久留。"因言:"漢使來覘
王封域,〔一二〕將有異圖,王當察之。"延德知其語,因謂王曰:
"犬戎素不順中國,今乃反間,我欲殺之。"王固勸乃止。

延德初自夏州歷王庭鎮、〔一三〕黃羊平,所過蕃部,皆以詔
書賜其君長襲衣、金帶、繒帛,〔一四〕其君長各遣使謝恩。又明
年,延德與其使凡百餘人,復循舊路而還,於是至京師。

延德初至達怛境,頗見晉末陷虜者之子孫,咸相率遮迎,
獻飲食,問其鄉里親戚,意甚悽感,留旬日不得去。

【校勘記】

〔一二〕漢使來覘王封域　"使"原作"吏",據宋本、宋撮
要本、閣本及上引揮麈前録、通考、宋史改。

〔一三〕王庭鎮　宋撮要本、閣本同,宋本作"玉庭鎮",
上引揮麈前録、通考、宋史則均作"玉亭鎮"。

〔一四〕皆以詔書賜其君長襲衣金帶繒帛　"衣"字原脱,

據同上書補。

　　《續資治通鑑長編》卷二五《太宗雍熙元年四月》頁五七九

　　延德初至達靼之境，頗見晉末陷虜者之子孫，或相遮迎，獻飲食，問其鄉里親戚，意甚悽感。留旬日不得去。延德之所述云。

　　《宋會要輯稿》卷六二九一《蕃夷四之十二·高昌》頁七七一九

　　是月，速撒等討阻卜，殺其酋長撻剌干。

　　　　　　《遼史》卷十《本紀第十·聖宗一》頁一一四

　　速撒等討阻卜，殺其酋長撻剌干。

　　《遼史》卷七〇《表第八·屬國表》頁一一三九至一一四〇

公元九八六年　　遼聖宗統和四年

　　冬十月丙申朔，党項、阻卜遣使來貢。

　　　　　　《遼史》卷十一《本紀第十一·聖宗二》一二五

　　阻卜遣使來貢。

　　　　　　《遼史》卷七〇《表第八·屬國表》頁一一四〇

公元九八九年　　宋太宗端拱二年

　　復有近界達靼、尉厥里、室韋、女真、党項，亦被脅屬，每部不過千餘騎。

《宋會要輯稿》卷五二五七《蕃夷一之十六・遼上》頁
七六七九

復有近界韃靼、尉厥里、室韋、女真、党項,亦被脅屬,每
部不過千餘騎。

《續資治通鑒長編》卷二七《太宗雍熙三年》頁六〇五

復有近界韃靼、于厥里、室韋、女真、党項,亦被脅屬,每
部不過千餘騎。

《契丹國志》卷二三《兵馬制度》頁二四九

公元九九〇年　　遼聖宗統和八年

己酉,阻卜等遣使來貢。

《遼史》卷十三《本紀第十三・聖宗四》頁一四〇

阻卜遣使來貢。

《遼史》卷七〇《表第八・屬國表》頁一一四二

公元九九三年　　宋太宗淳化四年

伏以今月十七日換于闐去達坦駱駝替用群上大騍壹頭,
未蒙 判憑。伏請 處分。

癸巳年八月日駝官馬善昌

爲憑十八日(鳥印)

《駝官馬善昌狀並判憑》P.2737號節録,《敦煌社會經濟
文獻真迹釋録》(第三輯)頁六〇二

公元九九四年　遼聖宗統和十二年

癸酉,阻卜等來貢。

　　　《遼史》卷十三《本紀第十三·聖宗四》頁一四五

阻卜來貢。

　　　《遼史》卷七〇《表第八·屬國表》頁一一四二

　　十二年,夏人梗邊,皇太妃受命總烏古及永興宮分軍討
之,〔二〕撻凜爲阻卜都詳穩。凡軍中號令,太妃并委撻凜。
　【校勘記】
　　〔二〕皇太妃受命討之　"皇太妃"應作王太妃。參卷
一三,校勘記〔七〕。

　　　《遼史》卷八五《列傳第十五·蕭撻凜》頁一三一三至
一三一九

公元九九六年　宋太宗至道二年

　　至道上年①十月,甘州可汗附達怛國貢方物,因上言願與
達怛同率兵助討李繼遷。

　　　《宋會要輯稿》卷二一一九九《蕃夷四之二》頁七七一四

---

①《文獻通考》"上年"作"二年",至道是宋太宗最後一個年號,沒有
　至道上年這一年號,應以《文獻通考》爲准。參見《文獻通考》卷
　三百四十七,第二七二一頁。

公元九九七年　遼太宗統和十五年

戊子,蕭撻凜奏討阻卜捷。

　　　　《遼史》卷十三《本紀第十三・聖宗四》頁一五〇

蕭撻凜奏討阻卜之捷。

　　　　《遼史》卷七〇《表第八・屬國表》頁一一四四

十五年,敵烈部人殺詳穩而叛,遁于西北荒,撻凜將輕騎逐之,因討阻卜之未服者,諸蕃歲貢方物充于國,自後往來若一家焉。上賜詩嘉獎,仍命林牙耶律昭作賦,以述其功。撻凜以諸部叛服不常,上表乞建三城以絶邊患,從之。

　　　　《遼史》卷八五《列傳第十五・蕭撻凜》頁一三一四

公元一〇〇〇年　遼聖宗統和十八年

六月,阻卜叛酋鶻碾之弟鐵剌不率部衆來附,鶻碾無所歸,遂降,詔誅之。

　　　　《遼史》卷十四《本紀第十四・聖宗五》頁一五五

阻卜叛酋鶻碾之弟鐵剌不率部民來附,鶻碾無所歸,繼降詔誅之。

　　　　《遼史》卷七〇《表第八・屬國表》頁一一四五至一一四六

公元一〇〇一年　遼聖宗統和十九年

上言曰:"阻卜今已服化,宜各分部,治以節度使。"上從之。

《遼史》卷九三《列傳第二十三·蕭圖玉》頁一三七八

公元一〇〇三年　宋真宗咸平六年遼聖宗統和二十一年

仁珪等言:"龍移、昧克,一云莊郎、昧克,其地在黃河北,廣袤數千里。族帳東接契丹,北鄰達靼,南至河西,連大梁、小梁族,素不與遷賊合。遷賊每舉,輒爲所敗。常以馬附藏才入貢,如國家賜以恩命,亦資外禦。"

《續資治通鑑長編》卷五四《宋真宗咸平六年正月》頁一一七八

六年正月,詔賜豐州龍移昧乞族。真宗累觀邊奏云:"遷賊屢爲龍移昧乞所敗,此族在黃河北,數萬帳,東接契丹,北接達靼,南至河,與大梁、小梁相連,或號莊郎昧克,並語訛爾。常以馬附藏才入貢。"

《宋會要輯稿》卷三四三《方域二一之十·豐州》頁七六六六

乙酉,阻卜鐵剌里率諸部來降。是月,修可敦城。
秋七月庚戌,阻卜、烏古來貢。甲寅,以奚王府監軍耶律室魯爲南院大王。〔五〕

八月乙酉,阻卜鐵剌里來朝。

【校勘記】

〔五〕耶律室魯爲南院大王　卷八一本傳作北院大王,下文二十九年三月亦稱室魯爲北院大王,"南"字疑誤。

《遼史》卷十四《本紀第十四·聖宗五》頁一五八、一六五

阻卜酋長鐵剌里率諸部來降。

《遼史》卷七〇《表第八·屬國表》頁一一四七

蕭氏二妹,長適齊王,僞稱太后,未曾封册,王死,自稱齊妃,領兵三萬,屯西鄙驢駒兒河,西捍達怛,盡降之,因謀率其衆奔骨歷札國,結兵以篡蕭氏。

《宋會要輯稿》卷五二五七《蕃夷一之二七》頁七六八五

蕭氏有姊二人,長適齊王,王死,自稱齊妃,領兵三萬屯西鄙驢駒兒河。嘗閲馬,見蕃奴達覽阿鉢姿貌甚美,因召侍帳中。蕭氏聞之,縶達覽阿鉢,抶以沙囊四百而離之。踰年,齊妃請于蕭氏,願以爲夫,蕭氏許之,使西捍達怛,盡降之,因謀帥其衆奔骨歷扎國,結兵以篡蕭氏。

《續資治通鑑長編》卷五五《宋真宗咸平六年七月》頁一二〇七

公元一〇〇四年　遼聖宗統和二十二年

庚申,阻卜酋鐵剌里來朝。戊辰,鐵剌里求婚,不許。〔八〕

【校勘記】

〔八〕鐵剌里求婚不許　按屬國表作"鐵剌里求婚,許之"。

《遼史》卷十四《本紀第十四‧聖宗五》頁一五九、一六五

阻卜酋鐵剌里來朝。鐵剌里求婚,許之。^{〔一一〕}

【校勘記】

〔一一〕鐵剌里求之婚許之　按紀作鐵剌里求婚,不許。

《遼史》卷七〇《表第八‧屬國表》頁一一四七至一一

四八、一一九五

公元一〇〇五年　遼聖宗統和二十三年

甲午,阻卜酋鐵剌里遣使賀與宋和。己亥,達旦國九部

遣使來聘。

　　　　《遼史》卷十四《本紀第十四‧聖宗五》頁一六一

阻卜酋鐵剌里遣使賀與宋和。

　　　　《遼史》卷七〇《表第八‧屬國表》頁一一四八

公元一〇〇七年　遼聖宗統和二十五年

九月,西北路招討使蕭圖玉討阻卜,破之。

　　　　《遼史》卷十四《本紀第十四‧聖宗五》頁一六三

西北路招討使蕭圖玉討叛命阻卜,破之。

　　　　《遼史》卷七〇《表第八‧屬國表》頁一一五〇

公元一〇一一年　遼聖宗統和二十九年

丁巳,詔西北路招討使、駙馬都尉蕭圖玉安撫西鄙。置阻卜諸部節度使。

　　　　　　《遼史》卷十五《本紀第十五·聖宗六》頁一六九

詔西北路招討使、駙馬都尉蕭圖玉安撫西鄙,置阻卜等部。〔一四〕

【校勘記】

〔一四〕置阻卜等部　按紀作“置阻卜等部節度使”,是。

　　　　《遼史》卷七〇《表第八·屬國表》頁一一五二、一一九五

公元一〇一二年　遼聖宗開泰元年

甲辰,西北招討使蕭圖玉奏七部太師阿里底因其部民之怨,殺本部節度使霸暗并屠其家以叛,阻卜執阿里底以獻,而沿邊諸部皆叛。

　　　　　　《遼史》卷十五《本紀第十五·聖宗六》頁一七二

開泰元年,遥授建雄軍節度使,加檢校太保。是年尤烈等變,孝穆擊走之。冬,進軍可敦城。阻卜結五群牧長查剌、阿覩等,謀中外相應,孝穆悉誅之,乃嚴備禦以待,餘黨遂潰。

　　　　　　《遼史》卷八七《列傳第十七·蕭孝穆》頁一三三一

開泰元年,伐阻卜,阻卜棄輜重遁走,俘獲甚多。帝嘉之,封豳王。後邊吏奏,自化哥還闕,糧乏馬弱,勢不可守,

上復遣化哥經略西境，化哥與邊將深入。聞蕃部逆命居翼只水，化哥徐以兵進。敵望風奔潰，獲羊馬及輜重。

　　《遼史》卷九四《列傳第二十四·耶律化哥》頁一三八一

　　開泰元年十一月，[四]石烈太師阿里底殺其節度使，西奔窩魯朵城，蓋古所謂龍庭單于城也。已而，阻卜復叛，圍圖玉于可敦城，勢甚張。圖玉使諸軍齊射却之，屯于窩魯朵城。

　　【校勘記】

　　〔四〕開泰元年十一月　十一月，原作“七月”。按紀，此事繫于十一月，據改。

　　《遼史》卷九三《列傳第二十三·蕭圖玉》頁一三七八至一三八〇

　　開泰初，因大册禮，加檢校太尉、同政事門下平章事。時邊部拒命，詔北院樞密使耶律化哥將兵，以世良爲都監，往禦之。

　　《遼史》卷九四《列傳第二十四·耶律世良》頁一三八五

公元一〇一三年　　遼聖宗開泰二年

　　明年，北院樞密使耶律化哥引兵來救，圖玉遣人誘諸部皆降。帝以圖玉始雖失計，後得人心，釋之，仍領諸部。請益軍，詔讓之曰：“叛者既服，兵安用益？且前日之役，死傷甚衆，若從汝謀，邊事何時而息。”遂止。

　　《遼史》卷九三《列傳第二十三·蕭圖玉》頁一三七八

　　明年，化哥還，將罷兵。世良上書曰："化哥以爲無事而還，不思師老糧乏，敵人已去，焉能久守？若益兵，可克也。"帝即命化哥益兵，與世良追之。至安眞河，大破而還。自是，邊境以寧。

　　《遼史》卷九四《列傳第二十四·耶律世良》頁一三八五至一三八六

　　是月，達旦國兵圍鎮州，州軍堅守，尋引去……

　　三月壬辰朔，化哥以西北路略平，留兵戍鎮州，赴行在……

　　五月辛卯朔，復命化哥等西討……

　　己酉，化哥等破阻卜酋長烏八之衆。

　　《遼史》卷十五《本紀第十五·聖宗六》頁一七二至一七三

　　化哥等破阻卜酋長烏八之衆。

　　　　　《遼史》卷七〇《表第八·屬國表》頁一一五三

　　開泰二年，進討阻卜，克之。

　　《遼史》卷九三《列傳第二十三·耶律鐸斡》頁一三七九

公元一〇一四年　　遼聖宗開泰三年

　　三年春正月己丑，録囚。阻卜酋長烏八來朝，封爲王。

　　　　　《遼史》卷十五《本紀第十五·聖宗六》頁一七四

阻卜酋長烏八朝貢,封烏八爲王。

　　　　《遼史》卷七〇《表第八‧屬國表》頁一一五三

公元一〇一五年　　遼聖宗開泰四年

丙寅,耶律世良等上破阻卜俘獲數。

　　　　《遼史》卷十五《本紀第十五‧聖宗六》頁一七六

耶律世良等破阻卜,上俘獲之數。

　　　　《遼史》卷七〇《表第八‧屬國表》頁一一五四

公元一〇一六年　　遼聖宗開泰五年

二月己卯,阻卜長來朝。

　　　　《遼史》卷十五《本紀第十五‧聖宗六》頁一七八

阻卜酋長來朝。

　　　　《遼史》卷七〇《表第八‧屬國表》頁一一五五

公元一〇一八年　　遼聖宗開泰七年

七年,敵烈部叛,討平之,徙烏古敵烈部都監。遣敵烈騎卒取北阻卜名馬以獻,賜詔褒獎。

　　　　《遼史》卷九二《列傳第二十二‧蕭普達》頁一三六八

公元一〇一九年　　遼聖宗開泰八年

癸亥,詔阻卜依舊歲貢馬千七百,駝四百四十,豹鼠皮萬,青鼠皮二萬五千。

《遼史》卷十六《本紀第十六·聖宗七》頁一八六

詔阻卜依舊歲貢馬、駝、貂鼠、青鼠皮等物。

《遼史》卷七〇《表第八·屬國表》頁一一五五

明年奉使沙州。册主帥曹恭順爲燉煌王。[1] 路岐萬里。砂磧百程。地乏長河。野無豐草。過可敦之界。深入達妬。□囊告空。

《全遼文》卷六《韓橁墓志銘》頁一二一

公元一〇二一年　遼聖宗太平元年

阻卜來貢。

《遼史》卷十六《本紀第十六·聖宗七》頁一八九

阻卜扎剌部來貢。

《遼史》卷七〇《表第八·屬國表》頁一一五六

公元一〇二六年　遼聖宗太平六年

是月,阻卜來侵,西北路招討使蕭惠破之……

八月,蕭惠攻甘州不克,師還。自是阻卜諸部皆叛,遼軍與戰,皆爲所敗,監軍涅里姑、國舅帳太保曷不吕死之。

《遼史》卷十七《本紀第十七·聖宗八》頁一九九

---

[1]《遼史·聖宗七》開泰八年正月"封沙州節度使曹順爲燉煌郡王"。《韓橁墓誌》中的曹恭順即曹順,韓橁出使沙州的時間應爲開泰八年。

阻卜入寇,西北路招討使蕭惠破之。

蕭惠攻甘州不克,師還。自是,西阻卜諸部皆叛。我軍與戰,敗績,涅里姑、曷不吕皆歿於陣,遣惕隱耶律洪古等將兵討之。

《遼史》卷七〇《表第八·屬國表》頁一一五七至一一五八

太平六年,討回鶻阿薩蘭部,徵兵諸路,獨阻卜酋長直剌後期,立斬以徇。進至甘州,攻圍三日,不克而還。時直剌之子聚兵來襲,阻卜酋長烏八密以告,惠未之信。會西阻卜叛,襲三剋軍,都監涅魯古、突舉部節度使諧理、阿不吕等將兵三千來救,遇敵于可敦城西南。諧理、阿不吕戰歿,[一]士卒潰散。惠倉卒列陣,敵出不意攻我營。眾請乘時奮擊,惠以我軍疲敝,未可用,弗聽。烏八請以夜斫營,惠又不許。阻卜歸,惠乃設伏兵擊之。前鋒始交,敵敗走。惠爲招討累年,屢遭侵掠,士馬疲困。

【校勘記】

〔一〕都監涅魯古突舉部節度使諧理阿不吕至諧理阿不吕戰歿　按紀太平六年八月作“監軍涅里姑,國舅帳太保曷不吕死之”。

《遼史》卷九三《列傳第二十三·蕭惠》頁一三七三至一三七四、一三八〇

六年,從蕭惠攻甘州,不克。會阻卜攻圍三剋軍,諧理與都監耶律涅魯古往救,[六]至可敦城西南,遇敵,不能陣,中流

矢卒。

【校勘記】

〔六〕諧理與都監耶律涅魯古往救　都監耶律涅魯古,紀太平六年八月作監軍涅里姑。

《遼史》卷八五《列傳第十五·耶律諧理》頁一三一五、一三二〇

六年,拜惕隱。〔一〕討阻卜有功。

【校勘記】

〔一〕六年拜惕隱　"拜惕隱"三字原錯於六年之上,據紀太平六年四月改。

《遼史》卷九五《列傳第二十五·耶律弘古》頁一三八九、一三九四

公元一〇二七年　遼聖宗太平七年

詔蕭惠再討阻卜。

《遼史》卷七〇《表第八·屬國表》頁一一五八

公元一〇二八年　遼聖宗太平八年

癸丑,阻卜别部長胡懶來降。乙卯,阻卜長春古來降。

《遼史》卷十七《本紀第十七·聖宗八》頁二〇二

公元一〇三五年　遼興宗重熙四年

臣伏見比年以來,高麗未賓,阻卜猶强,戰守之備,誠不容已。乃者,選富民防邊,自備糧糗。道路脩阻,動淹歲月;

比至屯所，費已過半；隻牛單轂，鮮有還者。其無丁之家，倍直傭僦，人憚其勞，半途亡竄，故戍卒之食多不能給。求假于人，則十倍其息，至有鬻子割田，不能償者。或逋役不歸，在軍物故，則復補以少壯。其鴨渌江之東，戍役大率如此。況渤海、女直、高麗合從連衡，不時征討。富者從軍，貧者偵候。加之水旱，菽粟不登，民以日困。蓋勢使之然也。

　　方今最重之役，無過西戍。如無西戍，雖遇凶年，困弊不至於此。若能徙西戍稍近，則往來不勞，民無深患。議者謂徙之非便：一則損威名，二則召侵侮，三則棄耕牧之地。臣謂不然。阻卜諸部，自來有之。曩時北至臚朐河，南至邊境，人多散居，無所統壹，惟往來抄掠。及太祖西征，至於流沙，阻卜望風悉降，西域諸國皆願入貢。因遷種落，內置三部，以益吾國，不營城邑，不置戍兵，阻卜累世不敢爲寇。統和間，皇太妃出師西域，〔一〕拓土既遠，降附亦衆。自後一部或叛，鄰部討之，使同力相制，正得馭遠人之道。及城可敦，開境數千里，西北之民，徭役日增，生業日殫。警急既不能救，叛服亦復不恒。空有廣地之名，而無得地之實。

【校勘記】

　〔一〕皇太妃出師西域　　“皇太妃”，應作王太妃。參卷一三校勘記〔七〕。

　　《遼史》卷一〇三《列傳第三十三‧文學上‧蕭韓家奴》頁一四四六至一四四七、一四五一

公元一〇三七　　遼興宗重熙六年

十一月己亥朔，阻卜酋長來貢。

《遼史》卷十八《本紀第十八·興宗一》頁二一九

阻卜酋長來貢。

《遼史》卷七〇《表第八·屬國表》頁一一五九

重熙六年，改北阻卜副部署，再授奚六部大王。

《遼史》卷八七《列傳第十七·蕭蒲奴》頁一三三五

公元一〇三八　　遼興宗重熙七年

乙巳，阻卜酋長屯禿古斯來朝。

《遼史》卷十八《本紀第十八·興宗一》頁二二〇

阻卜酋長屯禿古厮來朝。

《遼史》卷七〇《表第八·屬國表》頁一一五九

公元一〇三九　　宋仁宗寶元二年

衣冠既就，文字既行，禮樂既張，器用既備，吐蕃、達靼、張掖、交河，莫不服從。

《續資治通鑒長編》卷一二三《宋仁宗寶元二年正月》頁二八九四

衣冠既就，文字既行，禮樂既張，器用既備，吐蕃、塔塔、張掖、交河，莫不從伏。

《宋史》卷四八五《外國一·夏國上》頁一三九九五至一三九九六

公元一〇四三　宋仁宗慶曆三年　遼興宗重熙十二年

辛亥,阻卜大王屯禿古斯弟太尉撒葛里來朝……

甲子,阻卜來貢。

　　　　《遼史》卷十九《本紀第十九·興宗二》頁二二九

阻卜大王屯禿古斯弟太尉撒葛里來朝。回鶻遣使來貢。
阻卜來貢。

　　　　《遼史》卷七〇《表第八·屬國表》頁一一六一

　臣每至北朝,凡通和四十來年未嘗見者,蕃漢官臣盡見
之;四十年來兩朝人使諱而不敢説者,臣盡説之;至於兩朝理
亂興亡,無不講貫;兵馬戰鬥,無不校量;以此臣所以盡見得
契丹委實彊盛,奚霫、渤海、党項、高麗、女真、新羅、黑水、韃
靼、①回鶻、元昊,盡皆臣伏,一一貢奉,惟與中原一處爲敵國
而已。

　　　《宋文鑒》卷四五《奏疏·辭樞密副使》頁六八一至六
八二

公元一〇四四年　宋仁宗慶曆四年　遼興宗重熙十三年

　六月甲午,阻卜酋長烏八遣其子執元昊所遣求援使窊邑

---

①中華書局點校本《宋文鑒》黑水和韃靼之間没有點斷,《續資治通
　鑑長編》卷一百五十《仁宗·慶曆四年》"今契丹自盡服諸蕃,如元
　昊、回鶻、高麗、女真、渤海、蔑惹、鐵勒、黑水靺鞨、室韋、韃靼、步奚
　等",黑水應指黑水靺鞨。

改來，^[九]乞以兵助戰，從之。

【校勘記】

〔九〕烏八遣其子執元昊所遣求援使宓邑改來　求，原誤作"來"。據《屬國表》改。

《遼史》卷十九《本紀第十九·興宗二》頁二三〇、二三五

公元一〇四四年　遼興宗重熙十三年　宋仁宗慶曆四年

阻卜酋長烏八遣其子執元昊求援使者宓邑改來，且乞以兵助戰，從之。

《遼史》卷七〇《表第八·屬國表》頁一一六一至一一六二

北方諸戎羈從於敵者，如步奚、高麗、韃靼常内懷不服，特强役屬之爾。

《續資治通鑑長編》卷一五〇《仁宗·慶曆四年》頁三六五七

公元一〇四五年　遼興宗重熙十四年

己卯，阻卜大工屯禿古斯率諸酋長來朝。

《遼史》卷十九《本紀第十九·興宗二》頁二三二

阻卜大王屯禿古斯率諸酋長來朝。

《遼史》卷七〇《表第八·屬國表》頁一一六二

公元一〇四七年　遼興宗重熙十六年

丁巳，阻卜大王屯禿古斯來朝，獻方物。

《遼史》卷二〇《本紀第二十·興宗三》頁二三七

阻卜大王屯禿古厮來朝,進方物。

《遼史》卷七〇《表第八·屬國表》頁一一六二至一一
六三

公元一〇四八年　遼興宗重熙十七年

六月庚辰,阻卜獻馬、駝二萬。

《遼史》卷二〇《本紀第二十·興宗三》頁二三九

阻卜進馬、駝二萬。

《遼史》卷七〇《表第八·屬國表》頁一一六三

公元一〇四九年　遼興宗重熙十八年

庚辰,阻卜來貢馬、駝、珍玩。

《遼史》卷二〇《本紀第二十·興宗三》頁二四〇

阻卜來貢馬、駝、珍玩。

《遼史》卷七〇《表第八·屬國表》頁一一六四

冬十月,北道行軍都統耶律敵魯古率阻卜諸軍至賀蘭
山,獲李元昊妻及其官僚家屬,遇夏人三千來戰,殪之;烏古
敵烈部都詳穩蕭慈氏奴、南剋耶律斡里死焉。

《遼史》卷二〇《本紀第二十·興宗三》頁二四〇

十月,招討使耶律敵古率阻卜軍至賀蘭山,獲元昊妻及其官屬。

《遼史》卷一一五《列傳第四十五·二國外記·西夏》頁一五二七

公元一〇五〇年　遼興宗重熙十九年

庚子,耶律敵魯古復封漆水郡王,諸將校及阻卜等部酋長各進爵有差……

乙未,阻卜長豁得剌弟斡得來朝,加太尉遣之……

八月丁卯,阻卜酋長喘只葛拔里斯來朝……

十一月甲午,阻卜酋長豁得剌遣使來貢。

《遼史》卷二〇《本紀第二十·興宗三》頁二四一至二四二

阻卜酋長豁得剌弟斡得來朝,加太尉遣之。

阻卜酋長喘只葛拔里斯來朝。

阻卜酋長豁得剌遣使來貢。

《遼史》卷七〇《表第八·屬國表》頁一一六四

公元一〇五三年　遼興宗重熙二十二年

秋七月己酉,阻卜大王屯禿古斯率諸部長獻馬、駝。

《遼史》卷二〇《本紀第二十·興宗三》頁二四六

阻卜大王屯禿古斯率諸部長進馬、駝。

《遼史》卷七〇《表第八·屬國表》頁一一六五

公元一〇五四年　遼興宗重熙二十三年

十一月乙丑,阻卜部長來貢。

《遼史》卷二〇《本紀第二十·興宗三》頁二四七

阻卜酋長來貢。

《遼史》卷七〇《表第八·屬國表》頁一一六五

公元一〇五五年　宋仁宗至和二年

客曰:"子謂契丹與古孰强?"臣曰:"耶律一姓王二百年,今其衰也歟!"客曰:"彼兼奚、黑水、高麗、達靼、新羅數十國,薄海、而東,南包燕、薊肥腴之地,與中國争長六十年,今又得西夏而臣之,何云衰耶?"

《景文集》卷四四《禦戎論·篇之二》,《景印文淵閣四庫全書》一〇八八册頁三八八

朝廷又出寶貨募使者,走間道,賂新羅、達靼、黑水等。以諜士隨説之,許以重爵,割地與之,平使叛契丹,彼不從必露言于敵,敵且内相疑,若聽吾命,敵固失援矣。

《景文集》卷四四《禦戎論·篇之六》,《景印文淵閣四庫全書》一〇八八册頁三九四

公元一〇五六年　遼道宗清寧二年

辛酉,阻卜酋長來朝,貢方物。

《遼史》卷二一《本紀第二十一·道宗一》頁二五四

阻卜酋長來朝及貢方物。

《遼史》卷七〇《表第八‧屬國表》頁一一六五至一一六六

公元一〇六六年　　遼道宗咸雍二年

甲辰,阻卜來貢。

《遼史》卷二二《本紀第二十二‧道宗二》頁二六五

阻卜酋長來貢。

《遼史》卷七〇《表第八‧屬國表》頁一一六六

公元一〇六八年　　遼道宗咸雍四年

咸雍四年,從耶律仁先伐阻卜,[一]破之,有詔留屯,亡歸者衆,由是鐫兩官。

【校勘記】

〔一〕咸雍四年從耶律仁先伐阻卜　按紀,耶律仁先伐阻卜在咸雍五年三月。

《遼史》卷九九《列傳第二十九‧蕭巖壽》頁一四一九、一四二四

公元一〇六九年　　遼道宗咸雍五年

五年春正月,阻卜叛,[五]以晉王仁先爲西北路招討使,領禁軍討之……

九月戊辰,仁先遣人奏阻卜捷。

【校勘記】

〔五〕五年春正月阻卜叛　正，屬國表作三。

《遼史》卷二二《本紀第二十二·道宗二》頁二六八、二七一

阻卜酋長叛，以南京留守晉王仁先爲西北路招討使，領禁軍討之。

晉王仁先遣人奏阻卜之捷。

《遼史》卷七〇《表第八·屬國表》頁一一六六至一一六七

阻卜塔里干叛命，仁先爲西北路招討使，賜鷹紐印及劍。上諭曰："卿去朝廷遠，每俟奏行，恐失機會，可便宜從事。"仁先嚴斥候，扼敵衝，懷柔服從，庶事整飭。塔里干復來寇，仁先逆擊，追殺八十餘里。大軍繼至，又敗之。別部把里斯、禿没等來救，見其屢挫，不敢戰而降。北邊遂安。

《遼史》卷九六《列傳第二十六·耶律仁先》頁一三九七

五年，阻卜叛，爲行軍都監，擊敗之，俘獲甚衆。初軍出，止給五月粮，過期粮乏，士卒往往叛歸。迁魯坐失計，免官，降戍西北部。未行，會北部兵起，迁魯將烏古敵烈兵擊敗之，每戰以身先，由是釋前罪，命總知烏古敵烈部。

《遼史》卷九三《列傳第二十三·蕭迁魯》頁一三七六

公元一〇七〇年　遼道宗咸雍六年

二月丙寅,阻卜來朝,貢方物。

夏四月癸未,西北路招討司以所降阻卜酋長至行在……

六月辛巳,阻卜來朝……

壬申,西北路招討司擒阻卜酋長來獻。

十一月乙卯,禁鬻生熟鐵于回鶻、阻卜等界。

《遼史》卷二二《本紀第二十二・道宗二》頁二六九至二七〇

阻卜酋長來朝,且貢方物。

西北路招討司以所降阻卜酋來。

阻卜酋長來朝。

西北路招討司擒阻卜酋長來獻,以所降阻卜酋長圖木同刮來。

《遼史》卷七〇《表第八・屬國表》頁一一六七

清寧九年七月十九日,[①]皇上以北鄙達打、尤不姑等部族

①《遼史・道宗二》咸雍五年（一〇六九）“五年春正月,阻卜叛,以晋王仁先爲西北路招討使,領禁軍討之”,《遼史・耶律仁先》“別部把里斯、禿没等來救,見其屢挫,不敢戰而降”,《遼史・屬國表》咸雍六年（一〇七〇）十月“西北路招討司擒阻卜酋長來獻,以所降阻卜酋長圖木同刮來”,禿没、圖木同刮與墓誌中的圖没里同瓦爲同一人,墓誌中耶律仁先清寧九年（一〇六三）七月十九日任西北路招討使,與《遼史・道宗二》咸雍五年（一〇六九）任西北路招討使不同。

寇邊,命王爲西北路招討使往討之,靳首萬餘級,俘其酋長圖
没里同瓦等。馳送闕下。

《耶律仁先墓誌》,《遼代石刻文編》頁三五四

公元一○七三年　　遼道宗咸雍九年

時,敵烈方爲邊患,而阻卜相繼寇掠,邊人以故疲弊。朝
廷以地遠,不能時益援軍,而使疆圉帖然者,皆迂魯力也。

《遼史》卷九三《列傳第二十三·蕭迂魯》頁一三七七

公元一○七四年　　遼道宗咸雍十年

戊子,阻卜來貢。

《遼史》卷二三《本紀第二十三·道宗三》頁二七五

阻卜諸酋長來貢。

《遼史》卷七○《表第八·屬國表》頁一一六八

公元一○七五年　　宋神宗熙寧八年

北人最畏西夏,復有達靼之隙,果欲長驅,豈無牽制之
慮,此不可動者五也。

《續資治通鑑長編》卷二六○《神宗熙寧八年二月》頁
六三三五

又言:"遼人利吾金帛,兵弱而惰,城池器械不精,民苦虐
政,又慮西夏、韃靼乘之,其不可動者五,請姑以五寨及治平
中所侵十五鋪予之。"

《舊聞證誤》卷二頁三〇

假令入討得志而還,此契丹一種事方自大,況又夏國、唃厮囉、高麗、黑水女真、達靼等諸蕃爲之黨援,其勢必難殄滅,使無噍類,即由此結成邊患,卒無已時,大非長轡遠馭之道也。

《續資治通鑑長編》卷二六二《神宗熙寧八年四月》頁六三九三

公元一〇七八年　遼道宗大康四年

六月甲寅,阻卜諸酋長進良馬。

《遼史》卷二三《本紀第二十三·道宗三》頁二八一

阻卜酋長來貢。阻卜諸酋長進良馬。

《遼史》卷七〇《表第八·屬國表》頁一一六九

公元一〇七九年　遼道宗大康五年

六月辛亥,阻卜來貢。

《遼史》卷二四《本紀第二十四·道宗四》頁二八三

阻卜酋長來貢。

《遼史》卷七〇《表第八·屬國表》頁一一六九

公元一〇八一年　宋神宗元豐四年　遼道宗大康七年

丙寅,阻卜余古赧來貢。

《遼史》卷二四《本紀第二十四·道宗四》頁二八六

阻卜余古赧來貢。〔一九〕

【校勘記】

〔十九〕阻卜余古赧來貢　余古赧爲阻卜酋長名,見紀大康七年六月及大安二年六月。阻卜下原有"與"字,今删。

《遼史》卷七〇《表第八・屬國表》頁一一七〇、一一九五

大首領你厮都令厮孟判言:其國東南至滅力沙,北至大海,皆四十程。又東至西大石及于闐王所居新福州,次至舊于闐,次至約昌城,乃于闐界。次東至黃頭迴紇,又東至達靼,次至種榅,又至董氈所居,次至林檎城,又東至青唐,乃至中國界。西至大海約三十程。

《宋會要輯稿》卷一二一六四《蕃夷四之十九・拂菻》頁七七二二

拂菻國貢方物,大首領儞厮都令厮孟判言,其國東南至滅力沙,北至大海,皆四十程。〔六〕又東至西大石及于闐王所居新福州,次至舊于闐,次至灼昌城,〔七〕乃于闐界,次東至黃頭囘紇,又東至達靼,次至種榅,又至董氈所居,次至林檎城,又東至青唐,乃至中國王界;西至大海約三十程。

【校勘記】

〔六〕皆四十程　"程"原作"里",據《宋會要》蕃夷四之一九、《宋史》卷四九〇《拂菻傳》改。

〔七〕灼昌城　《宋會要》蕃夷四之一九作"約昌城"。

《續資治通鑑長編》卷三一七《神宗元豐四年十月》頁

七六六一、七六七八至七六七九

公元一〇八二年　遼道宗大康八年

乙丑,阻卜長來貢。

　　　《遼史》卷二四《本紀第二十四·道宗四》頁二八七

阻卜酋長來貢。

　　　《遼史》卷七〇《表第八·屬國表》頁一一七〇

公元一〇八三年　宋神宗元豐六年　遼道宗大康九年

　　于闐貢方物,見於延和殿。上問曰:"離本國幾何時?"曰:"四年。""在道幾何時?"曰:"二年。""經涉何國?"曰:"道由黃頭回紇、草頭達怛、董氈等國。"又問:"留董氈幾何時?"曰:"一年。"問:"達怛有無頭領、部落?"曰:"以乏草、粟,故經由其地皆散居也。"上顧謂樞密都承旨張誠一曰:"達怛在唐與河西、天德為鄰,今河西、天德隔在北境。自太祖朝嘗入貢,後道路阻隔,貢奉遂絕。"又問:"嘗與夏國戰者,豈此達怛乎?"曰:"達怛與李氏世讐也。"又問:"诣由諸國,有無抄略?"曰:"惟懼契丹耳。"又問:"所經由去契丹幾何里?"曰:"千餘里。"新紀于丙子書于闐入貢,舊紀附年末。

　　　《續資治通鑑長編》卷三三五《神宗元豐六年五月》頁八〇六一

　　己卯,詔:"于闐大首領[一]畫到達怛諸國距漢境遠近圖,降付李憲。"以嘗有朝旨委憲遣人假道董氈使達怛故也。

【校勘記】

〔一〕于闐大首領　“大”原作“人”，據《宋會要》蕃夷四之一七改。

《續資治通鑑長編》卷三三五《神宗元豐六年五月》頁八〇六三、八〇八八

阻卜酋長來貢。

《遼史》卷七〇《表第八·屬國表》頁一一七〇

三班奉職皇甫旦言：“初爲三班借職，累立戰功。至如京副使、秦州第四將。駐階州時，將下兵級孫化等謀叛，臣於將司劾實斬之，亦自劾專殺之罪。有司論臣雖爲監臨主司，於法不應決獄，以鬪殺論當杖死。蒙恩貸配沙門島，復蒙恩許臣效用立功，然累從偏師，不得一當陣敵。今李憲遣臣將命董氈、阿里骨，呼致達靼等赴闕，乞賜叙理。”

《續資治通鑑長編》卷三四一《神宗元豐六年十二月》頁八二〇三

癸酉，詔李憲：“夏人已肆陸梁，時貢不至。近齎去賜董氈阿里骨詔敕書，爾宜深加體量。如董氈委未與夏賊打和，即詔書、國信、物色令今來先發去韡靼、回鶻四部首領，賜與董氈、阿里骨，並委曲曉諭，早令遣四部首領歸族下點集兵馬，前去禦賊。候大段立功，斬到賊首萬數已上，至時亦有恩命與董氈、阿里骨。餘更纓細開諭之，勿令信賊詐誕，以壞漢蕃兩家深重呪誓。仍賜董氈雜花暈錦、旋欄金束帶、銀器、衣

著等有差。”

《續資治通鑑長編》卷三四一《神宗元豐六年》頁八二〇
五至八二〇六

補回鶻、韃靼首領五人竝爲軍主,歲支大綵二十匹。

樞密院言:“準詔,董氈所遣引伴回鶻、韃靼首領李察爾
節可遷一資。李察爾節見爲都軍主,蕃官職次以上無可轉。”
詔都軍主上增置副都指揮使、都指揮使兩階。

丙子,董氈、回鶻、韃靼進奉人辭,上顧回鶻首領曰:“汝
等種落生齒凡幾何?”對曰:“約及三十餘萬。”“壯可用者幾
何?”曰:“約二十萬餘。”上又顧董氈首領曰:“自歸屬本朝
後,常與夏國通好乎?”對曰:“昨夏國屢來言:‘若歸我,即官
爵恩好如所欲。’臣等拒之曰:‘自屬聖朝,荷國厚恩,義不敢
負。’”上曰:“嘗與夏國戰否?”對曰:“西人寇邊,曾率衆出
戰,奪得其城堡,及獲首級甚多。”上曰:“歸報董氈,令盡心
守圉。”各賜器幣分物有差,首領嘗與夏國殺敵有功者,賜槍
旗、器甲。

《續資治通鑑長編》卷三四一《神宗元豐六年十二月》頁
八二〇七至八二〇八

公元一〇八四年　宋神宗元豐七年　遼道宗大康十年

乙丑,阻卜來貢。

《遼史》卷二四《本紀第二十四·道宗四》頁二八九

阻卜諸酋長來貢。

《遼史》卷七〇《表第八·屬國表》頁一一七〇

上初手詔李憲曰："回鶻與吐蕃，近世以來，代爲親家，而回鶻東境與韃靼相連，近日諸路探報多稱夏人苦被侵擾。若因二國姻親之故，乘漢蕃連和之際，假道通信，厚以金帛撫結，俾爲我用，則亦可争張彼之兵力，不得悉衆南下，不爲無助。況聞韃靼之俗，獷悍喜鬬，輕死好利，素不爲夏人所屈。若不吝金繒，厚加恩意，勢或可動。爾宜選擇深曉蕃情及善羌語使臣三兩人，計會阿里骨，令選遣二三親信首領，同諭彼令多發勁兵，深入夏境討之，仍邀彼首領入漢受賞，宜詳度以聞。"又詔曰："昔吐蕃當唐至德以後，其彊若不可嚮邇。以蜀地遠絶，其民綿懦，疑無可經營之理。而韋皋在成都，乃能以知暌南詔之好，使離彼親我，卒收功西境，東得城鹽之利，吐蕃緣此其勢日蹙。況今韃靼之彊，仇彼如此，與異牟尋豈同日語哉？[一]宜力經營之。"

憲奏："自古控馭戎夷，使其左枝右梧，爲備不暇，蓋由首先結其旁國，絶其外交，然後連橫之勢常在中國，彼有犄角之患。昔南詔之盛，韋皋馭得其術，故西復巂州，自是吐蕃日加窮蹙。以今夏賊之彊固不逮吐蕃，若以青唐、回鶻、韃靼連橫之勢，豈易枝梧？況韃靼人馬獷悍，過於西戎，兼於夏人仇怨已深，萬一使爲我用，不獨争張夏人兵力，不得悉衆南下，兼可以伺其間隙，使爲搗虛之計，如去歲舉國嘯聚於天都，則河西賊衆爲之一空。若以青唐、回鶻、韃靼三國人馬併攻其背，就使未能遠趨賀蘭，其甘、涼、瓜、沙必可蕩盡。臣仰奉睿訓，審究利害，惟患將命未有可副遣使之人。緣深入絶域，經涉

三國,萬一疏虞,適以爲累。夙夜思慮,致力經營。"於是憲選
旦押回鶻、韃靼首領赴闕。

【校勘記】

〔一〕與異牟尋豈同日語哉　"異"原作"畢"。按舊唐書
卷一四〇韋皋傳:皋遣使入南詔蠻,"其王異牟尋忻然接遇,
請絶吐蕃,遣使朝貢"。卷一九七南詔蠻傳:"大曆十四年,閣
羅鳳子鳳迦異先閣羅鳳死,立迦異子,是爲異牟尋。""畢"顯
爲"異"之誤,據改。

《續資治通鑑長編》卷三四六《神宗元豐七年六月》頁
八三〇一至八三〇二

以管押回鶻、韃靼、蕃部到熙河,令人於蕃界内市快行馬
等,故責之。

《續資治通鑑長編》卷三四七《神宗元豐七年七月》頁
八三二五

公元一〇八五年　宋神宗元豐八年

《新録·李憲傳》:"初詔憲遣問諭阿里骨,結回鶻、韃靼
以撓夏人,繼而憲選右班殿直皇甫旦押二國首領赴闕復命,
齎詔諭董氈、阿里骨出兵。"

《續資治通鑑長編》卷三五二《神宗元豐八年三月》頁
八四四九

公元一〇八六年　遼道宗大安二年

丙申,阻卜來朝。癸卯,遣使按諸路獄。甲辰,以同知南

京留守事耶律那也知右夷離畢事。乙巳，阻卜酋長余古赧及愛的來朝，詔燕國王延禧相結爲友。

《遼史》卷二四《本紀第二十四·道宗四》頁二九一

阻卜諸酋長來朝。

《遼史》卷七〇《表第八·屬國表》頁一一七一

公元一〇八八年　遼道宗大安四年

北阻卜酋長磨古斯叛，斡特剌率兵進討。會天大雪，敗磨古斯四別部，斬首千餘級，拜西北路招討使，封漆水郡王，加賜宣力守正功臣。

《遼史》卷九七《列傳第二十七·耶律斡特剌》頁一四〇七

公元一〇八九年　遼道宗大安五年

己丑，以阻卜磨古斯爲諸部長。

《遼史》卷二五《本紀第二十五·道宗五》頁二九八

公元一〇九二年　宋哲宗元祐七年　遼道宗大安八年

丙戌，環慶路經略使章楶奏：七年三月三日。"本司勘會往年十二月内，有投來河東陷蕃婦人阿聲稱，聽得西界人説，首領慶鼎察香道：'有塔坦國人馬於八月内出來，打劫了西界賀蘭山後面婁博貝監軍司界住坐人口孳畜。'已具狀聞奏訖。續據西界投來蕃部蘇尼通説稱：'塔坦國人馬入西界右廂，打劫了人口孳畜，不知數目。'本司未敢全信。今又據捉到西界首領伊特香通説：'於去年閏月内，梁乙逋統領人馬赴麟府路作過去來，至當月盡間到達爾結羅，有帶銀牌天使報梁乙逋來稱，塔坦國人馬入西界婁博貝，打劫了人户一千餘户，牛羊孳畜不知數目，其帶牌天使當時卻回去。'伊特香即不知梁乙逋指揮事理。本司看詳逐人通説，並各符合。夏國叛命，違天逆理，宜取誅滅。其西南則有邈川，東北則有塔坦，皆其鄰國，今不能和輯而並邊侵擾，此蓋天人共所不容之效也。兼勘會寶元、康定之間，元昊犯順，亦嘗遣使唃氏，當時頗得其用，蓋以遠人攻遠人，古人之上策。今邈川既已懷服朝廷威德，可使爲用，而塔坦獨以隔遠，未知嚮化之路。今若於河東或邈川界求間道，遣使至塔坦，陳述大宋威德，因以金帛爵命撫之，使出兵攻擾夏國，以與邈川相爲掎角，則蕞爾之國三處被患，腹背受敵。彼知國中内外多事，宜亦自折，可使不日請命。此困賊之一端也。伏乞朝廷詳酌施行。"

　　《續資治通鑑長編》卷四七一《哲宗元祐七年三月》頁一一二三八至一一二三九

　　八午春正月乙酉，如山楡淀。乙未，阻卜諸長來降……

　　夏四月乙卯，阻卜長來貢……

　　冬十月庚戌朔，遣使遺宋鹿脯。丙辰，振西北路饑。辛酉，阻卜磨古斯殺金吾吐古斯以叛，遣奚六部禿里耶律郭三發諸蕃部兵討之。

　　《遼史》卷二五《本紀第二十五·道宗五》頁三〇〇至三〇一

阻卜諸酋長來降。

阻卜酋長來貢。

阻卜酋長磨古斯殺金吾禿古斯以叛，遣奚六部禿里耶律郭三發諸蕃部兵討之。

《遼史》卷七〇《表第八·屬國表》頁一一七二至一一七三

阻卜酋長磨古斯殺金吾吐古斯以叛，遣奚六部吐里耶律郭三發諸蕃部兵討之。

《遼史》卷六九《表第七·部族表》頁一一一三至一一一四

大安八年，知西北路招討使事。[五]時邊部耶覩刮等來侵，何魯掃古誘北阻卜酋豪磨古斯攻之，俘獲甚眾，以功加左僕射。復討耶覩刮等，誤擊磨古斯，北阻卜由是叛命。

【校勘記】

[五]大康中至大安八年知西北路招討使事　大安二字原脫。按何魯掃古，紀、屬國表亦作阿魯掃古，大康中未任西北路官職，惟紀、表大安九年三月，並有西北路招討使耶律阿魯掃古追磨古斯還，八年應是大安八年，據補。官名互歧，或有遷升。

《遼史》卷九四《列傳第二十四·耶律何魯掃古》頁一三八五、一三八七

大安中，北阻卜酋磨魯斯叛，[八]爲招討都監，與耶律那

也率精騎二千討平之,以功爲漢人行宮副部署,兼知太和宮事。

【校勘記】

〔八〕北阻卜酋磨魯斯叛　磨魯斯,紀大安八年十月作磨古斯。

《遼史》卷九八《列傳第二十八·耶律胡呂》頁一四一七至一四一八

論曰:大之懷小也以德,制之也以威。德不足懷,威不足制,而欲服人也難矣。化哥利俘獲,而諸蕃不附,何魯掃古誤擊磨古斯,而阻卜叛命,是皆喜於一旦之功,而不圖後日之患,庸何議焉。

《遼史》卷九四《列傳第二十四·耶律世良》頁一三八六

公元一〇九三年　遼道宗大安九年　宋哲宗元祐八年

二月,磨古斯來侵。

三月,西北路招討使耶律阿魯掃古追磨古斯還,都監蕭張儿遇賊,與戰不利。二室韋、拽剌、北工府、特滿群牧、宮分等軍多陷没……

冬十月庚戌,有司奏磨古斯詣西北路招討使耶律撻不也僞降,既而乘虛來襲,撻不也死之。阻卜烏古札叛,〔五〕達里底、拔思母並寇倒塌嶺。壬子,遣使籍諸路兵。癸丑,以南院大王特末同知南京留守事,命鄭家奴率兵往援倒塌嶺。甲寅,駐蹕藉絲淀,以左夷離畢耶律禿朶、圍場都管撒八並爲西北路行軍都監。乙卯,詔以馬三千給烏古部。丙辰,有司奏

阻卜長轄底掠西路群牧。丁巳,振西北路貧民。己未,燕國
王延禧生子,肆赦,妃之族屬並進級。壬戌,以樞密直學士趙
廷睦參知政事兼同知南院樞密使事。癸亥,烏古敵烈統軍使
蕭朽哥奏討阻卜等部捷……

十一月辛巳,特抹等奏討阻卜捷。

【校勘記】

〔五〕烏古札按下文十年正月及屬國表並作烏古扎。

《遼史》卷二五《本紀第二十五·道宗五》頁三〇一至三
〇二、三〇五

磨古斯入寇。

西北路招討使耶律阿魯掃古追磨古斯還,都監蕭張九遇
賊衆,與戰不利。二室韋、搜剌、北王府、特滿群牧、宮分等軍
多陷于賊。

有司奏磨古斯詣西北路招討使,耶律撻不也遇害,〔二〇〕
附近阻卜酋長烏古扎叛去。達里底及拔思母並寇倒塌嶺路。
阻卜酋轄底侵掠西路群牧。

【校勘記】

〔二〇〕有司奏磨古斯詣西北路招討使耶律撻不也遇害
按紀作:“磨古斯詣西北路招討使耶律撻不也偽降,既而乘虛
來襲,撻不也死之。”

《遼史》卷七〇《表第八·屬國表》頁一一七三至一一七五

阻卜酋長磨古斯來侵,西北路招討使何魯掃古戰不利,
詔撻不也代之。磨古斯之爲酋長,由撻不也所薦,至是遣人

誘致之。磨古斯紿降，撻不也逆于鎮州西南沙磧間，禁士卒無得妄動。敵至，禆將耶律縚斯、徐烈見其勢銳，不及戰而走，遂被害，年五十八。

　　《遼史》卷九六《列傳第二十六・耶律撻不也》頁一三九八

　　又與太原韓縝云：“羌人抄環，劫慕恩族，將帥出兵邀擊之。獲橐駝千，馬四百八十，梟甲首三百八十，羌酋遁去。朝廷遣使賫帛賜有功者，章質夫懦甚，乃有戰多耶？斯亦異事矣。此中得諜者，言遼人爲夏國求援，差牛温仁來泛使。已而聞夏國點集頻數，部族疲於奔命，議臣謂不能爲中國大害，豈可爲他夷失我朝廷舊好耶？遂罷温仁之來，即不審信然否？然遼人亦自顧有達靼之役，戰頻不勝，西京奉聖川一帶調發未已，因書及此。”

　　《續資治通鑒長編》卷四八二《哲宗元祐八年三月》頁一一四七一

　　烏古敵烈統軍使蕭朽哥奏討阻卜之捷。

　　　　《遼史》卷六九《表第七・部族表》頁一一一四

　　臣自到任以來，不住令主管衙前引到北人訪問事宜，雖虛實難明，然前後參驗，亦可見其略。大抵北虜近歲多爲小國達靼、尤保之類所叛，破軍殺將非一。近據北人契丹四哥探報，北界爲差發兵馬及人户家丁往招州以來，收殺尤保等國，及爲近年不熟，是致朔、易、武州皆有强賊……。

　　以此數事參驗，顯見北虜見今兵困於小國，調發頻併，民不堪命,聚爲盜賊。

《蘇軾文集》卷三六《乞增修弓箭社條約狀二首》頁一○
三三

公元一○九四年　遼道宗大安十年

二月甲辰,以破阻卜,賞有功者……

庚戌,以知北院樞密使事耶律斡特剌爲都統,夷離畢耶
律禿朵爲副統,龍虎衛上將軍耶律胡吕都監,討磨古斯,遣積
慶宮使蕭糺里監戰……

秋七月庚子朔,獵赤山。是月,阻卜等寇倒塌嶺,盡掠西
路群牧馬去,東北路統軍使耶律石柳以兵追及,盡獲所掠而還。

九月己未,以南院大王特末爲南院樞密使。甲子,敵烈
諸酋來降,釋其罪。是月,斡特剌破磨古斯。

冬十月丙子,駐蹕藕絲淀。壬午,山北路副部署蕭阿魯
帶以討達里底功,加左金吾衛上將軍。癸巳,西北路統軍司
獲阻卜長拍撒葛、蒲魯等來獻。

十一月乙巳,惕德銅刮、阻卜的烈等來降。達里底及拔
思母等復來侵,山北副部署阿魯帶擊敗之。

《遼史》卷二五《本紀第二十五·道宗五》頁三○二至
三○四

知北院樞密使事耶律斡特剌爲都統,夷離畢耶律禿朵爲
副統,龍虎衛上將軍耶律胡吕爲都監,討磨古斯,遣積慶宮使
蕭糺里監戰。

《遼史》卷六九《表第七·部族表》頁一一一五至一一

一六

阻卜來寇倒塌嶺,西路群牧及渾河北牧馬皆爲所掠。

西北路統軍司獲阻卜酋拍撒葛、蒲魯等來獻。

惕德酋銅刮、阻卜酋的烈等來降。

西北路統軍司奏討磨古斯之捷。

　　　　　《遼史》卷七〇《表第八·屬國表》頁一一七五

大安九年,爲倒塌嶺節度使。明年冬,以北阻卜長磨古斯叛,與招討都監耶律胡吕率精騎二千往討,破之。

　　　《遼史》卷九四《列傳第二十四·耶律那也》頁一三八四

公元一〇九五年　遼道宗壽隆元年

夏四月丁卯,斡特剌奏討耶覩刮捷 ①……

六月己巳,以知奚六部大王事回里不爲本部大王,權参知政事趙孝嚴爲漢人行宫都部署,圍場都管撒八以討阻卜功,加鎮國大將軍。癸巳,阻卜長禿里底及圖木葛來貢。〔三〕

秋七月庚子,阻卜長猛達斯等來貢。癸卯,獵沙嶺。癸丑,頗里八部來附,進方物。甲寅,斡特剌奏磨古斯捷。

壬辰,録討阻卜有功將士。

【校勘記】

〔三〕阻卜長禿里底及圖木葛來貢　禿里底,原誤作"香

①耶覩刮即蕭奪剌傳中的耶覩刮,爲北阻卜,《遼史·蕭奪剌傳》載"乾統元年(1101),以久練邊事,復爲西北路招討使。北阻卜耶覩刮率鄰部來侵,奪剌逆擊,追奔數十里"。

里底”,據屬國表改。殿本作“杳里底”,亦誤。

《遼史》卷二六《本紀第二十六·道宗六》頁三〇七至三〇八、三一五

阻卜酋長禿里底及圖木葛來朝貢。

阻卜酋長猛達斯來貢。

《遼史》卷七〇《表第八·屬國表》頁一一七六

斡特剌奏磨古斯之捷。

《遼史》卷六九《表第七·部族表》頁一一一七

公元一〇九六年　遼道宗壽隆二年

秋七月甲午,阻卜來貢。

《遼史》卷二六《本紀第二十六·道宗六》頁三〇九

阻卜來貢。

《遼史》卷七〇《表第八·屬國表》頁一一七六

公元一〇九七年　遼道宗壽隆三年

閏月丙午,[六]阻卜長猛撒葛、粘八葛長禿骨撒、梅里急長忽魯八等請復舊地,貢方物,從之……

五月癸亥,斡特剌討阻卜,破之。

【校勘記】

〔六〕閏月丙午　“閏月”二字原脱。按二月丙辰朔,無丙午;閏二月丙戌朔,丙午二十一日。據補。

《遼史》卷二六《本紀第二十六·道宗六》頁三〇九至
三一〇、三一五

阻卜酋長猛撒葛及粘八葛長禿骨撒、梅里急酋長忽魯八
等請復舊地,以貢方物。斡特剌討阻卜,破之。
　　《遼史》卷七〇《表第八·屬國表》頁一一七六至一一
七七

公元一〇九八年　遼道宗壽隆四年

己巳,徙阻卜等貧民于山前。
　　《遼史》卷二六《本紀第二十六·道宗六》頁三一一

公元一〇九九年　遼道宗壽隆五年

六月甲申,以奚六部大王回離保爲契丹行宮都部署,知
右夷離畢事蕭藥師奴南面林牙,兼知契丹行宮都部署事。乙
未,五國部長來朝。戊戌,阻卜來貢……
　　冬十月己亥朔,高麗王顒遣使乞封册。丁巳,斡特剌奏
討耶覩刮捷。
　　《遼史》卷二六《本紀第二十六·道宗六》頁三一二

阻卜來貢。
　　《遼史》卷七〇《表第八·屬國表》頁一一七七

斡特剌奏討耶覩刮之捷。
　　《遼史》卷六九《表第七·部族表》頁一一一八

壽隆五年,〔一〕復爲西北路招討使,討耶覩刮部,俘斬甚衆,獲馬、駞、牛、羊各數萬。

【校勘記】

〔一〕壽隆五年　壽隆二字原脱,據紀壽隆五年五月補。

《遼史》卷九七《列傳第二十七·耶律斡特剌》頁一四○八、一四一二

公元一一〇〇年　遼道宗隆壽六年

六年春正月癸酉,南院大王耶律吾也薨。壬午,以太師致仕禿開起爲奚六部大王。丁亥,如春水。辛卯,斡特剌執磨古斯來獻。丙申,詔問民疾苦。

二月丁未,以烏古部節度使陳家奴爲南院大王。己酉,磔磨古斯于市……

癸丑,阻卜長來貢……

秋七月庚午,如沙嶺。壬申,耶覩刮諸部寇西北路。

八月,斡特剌以兵擊敗之,使來獻捷。

《遼史》卷二六《本紀第二十六·道宗六》頁三一二至三一三

斡特剌獲叛命磨古斯來獻。

耶覩刮諸部寇西北路。

斡特剌奏耶覩刮諸部之捷。

《遼史》卷六九《表第七·部族表》頁一一一八

阻卜酋長來貢。

　　　　　《遼史》卷七〇《表第八·屬國表》頁一一七八

明年，擒磨古斯，加守太保，賜奉國匡化功臣。

《遼史》卷九七《列傳第二十七·耶律斡特剌》頁一四〇八

公元一一〇一年　　遼天祚帝隆壽七年至乾統元年

秋七月癸亥，阻卜、鐵驪來貢。

《遼史》卷二七《本紀第二十七·天祚皇帝第一》頁三一八

阻卜、鐵驪酋長來貢。

　　　　　《遼史》卷七〇《表第八·屬國表》頁一一七八

乾統元年，以久練邊事，復爲西北路招討使。北阻卜耶覩刮率鄰部來侵，奪剌逆擊，追奔數十里。

《遼史》卷九二《列傳第二十二·蕭奪剌》頁一三六八

公元一一〇二年　　遼天祚帝乾統二年

五月乙丑，斡特剌獻耶覩刮等部捷。

阻卜來侵，斡特剌等戰敗之。

《遼史》卷二七《本紀第二十七·天祚皇帝第一》頁三一九

斡特剌

獻耶覩

刮等部之捷。

> 《遼史》卷六九《表第七·部族表》頁一一一九

阻卜入寇,斡特剌等戰敗之。

> 《遼史》卷七〇《表第八·屬國表》頁一一七八

二年,乘耶覩刮無備,以輕騎襲之,獲馬萬五千疋,牛羊
稱是。

> 《遼史》卷九二《列傳第二十二·蕭奪剌》頁一三六八

公元一一〇六年　　遼天祚帝乾統六年

秋七月癸巳,阻卜來貢。

《遼史》卷二七《本紀第二十七·天祚皇帝第一》頁三二二

阻卜來貢。

> 《遼史》卷七〇《表第八·屬國表》頁一一七九

公元一一一〇年　　遼天祚帝乾統十年

六月甲戌,清暑玉丘。癸未,夏國遣李造福等來貢。甲
午,阻卜來貢。

《遼史》卷二七《本紀第二十七·天祚皇帝第一》頁三
二五

阻卜來貢。

《遼史》卷七〇《表第八·屬國表》頁一一八〇

公元一一一二年　遼天祚帝天慶二年

夏六月庚寅,清暑南崖。甲午,和州回鶻來貢。戊戌,成安公主來朝。甲辰,阻卜來貢。

《遼史》卷二七《本紀第二十七·天祚皇帝第一》頁三二六

阻卜酋長來貢。

《遼史》卷七〇《表第八·屬國表》頁一一八〇

公元一一一九年　遼天祚帝天慶九年

夏五月,阻卜補疎只等叛,執招討使耶律斡里朵,都監蕭斜里得死之。

《遼史》卷二八《本紀第二十八·天祚皇帝第二》頁三三八

阻卜補疎只等反。

《遼史》卷七〇《表第八·屬國表》頁一一八八

公元一一二二年　遼天祚帝保大二年
金太祖天輔六年

夏四月辛卯,西南面招討使耶律佛頂降金,雲内、寧邊、東勝等州皆降。阿疎爲金兵所擒。金已取西京,沙漠以南部族皆降。上遂遁於訛莎烈。時北部謨葛失贐馬、駝、食羊。[①]

《遼史》卷二九《本紀第二十九·天祚皇帝第三》頁三四四

謨葛失以兵來援,爲金人敗于洪灰水,擒其子陀古及其屬阿敵音。夏國援兵至,亦爲金所敗。

《遼史》卷二九《本紀第二十九·天祚皇帝第三》頁三四五

公元一一二四年　宋徽宗宣和六年　遼天祚帝保大四年　金太宗天會二年

四年春正月,上趨都統馬哥軍。金人來攻,棄營北遁,馬哥被執。謨葛失來迎,贐馬、駝、羊,又率部人防衛。時侍從乏糧數日,以衣易羊。至烏古敵烈部,以都點檢蕭乙薛知北院樞密使事,封謨葛失爲神于越王。

《遼史》卷二九《本紀第二十九·天祚皇帝第三》頁三四七

上北遁,謨葛失來迎,率部人防衛。時侍從乏糧數日,以衣易羊。至烏古敵烈部,封謨葛失爲神于越。

《遼史》卷六九《表第七·部族表》頁一一二二至一一二三

保大四年得大石林牙兵歸,又得陰山韃靼毛割石兵,自

---

①《三朝北盟會編》卷二一引《亡遼録》一五二頁"保大四年得大石林牙兵歸,又得陰山韃靼毛割石兵,自謂天助。"謨葛失即陰山韃靼毛割石。

謂天助。

《三朝北盟會編》卷二一《政宣上帙二十一·亡遼錄》頁一五二

《茆齋自叙》曰：自天祚驅韃靼衆三萬餘騎，乘粘罕歸國，山後虛空，直抵雲中府襲擊兀室，率蔚、應、奉、聖州、雲中府漢兒鄉兵爲前驅，以女真軍馬千餘騎伏於山谷間，出韃靼軍之後。韃靼潰亂，大敗。

《三朝北盟會編》卷二一《政宣上帙二十一·茆齋自叙》頁一五三

天祚用是亦坦然，遂以宣和六年之冬末，[①]領契丹韃靼衆五萬人騎，并携其后妃二子秦趙王及宗屬南來，如履無人之境。及才過雲中，則兀室忽以大兵遮其歸路。

《三朝北盟會編》卷二一《政宣上帙二十一·北征紀實》頁一五四

延禧得大石林牙七千餘騎，又陰結韃靼毛褐室韋三萬騎助之。延禧謂中興有日，欲搗山後之虛，復燕雲地。林牙諫曰："不可。自車架奔夾山，不能一戰。今舉國爲金人所有，乃欲嬰其鋒，非計也。不如蓄鋭待時，無輕舉。"延禧不聽，林牙稱疾不行。延禧强率諸軍出夾山，越漁陽嶺，取天德軍、東勝、寧邊、雲内等州，南侵武州，遇金人兀室軍。兀室帥山

_____

① 《遼史·天祚帝三》此事發生在保大四年（1124）七月。

西漢兒鄉兵爲前驅,以女真千餘騎伏山間,乃出。轄靼等顧之大駭而潰,兀室遣婁室孛菫領五百騎擊之。延禧跳身投夏國,未至伏發,兀室下馬跽于延禧前曰:"奴婢不佞,乃以介胄犯皇帝天威,死有餘罪。"因奉觴而進,遂爲兀室所擒。

《東都事略》卷一二四《附錄二》頁一〇八一至頁一〇八二

天會三年時宋宣和七年,滅遼之歲也(乙巳一一二五),先是遼主天祚竄入陰、夾山,國兵以力不能入,恨其不出,謂出必得之。天祚亦畏粘罕兵在雲中,故不敢出。至是,聞粘罕歸其國,以兀室代戍雲中,乃率轄靼諸軍五萬并攜其后妃二子秦王、趙王及宗屬南來。

《大金國志校證》卷之三《紀年・太宗文烈皇帝一》頁四〇

大石率衆西去,自立爲帝。所歷諸部,附見于後:

大黄室韋部 尼剌部 白達旦部 敵烈部 王紀剌部 茶赤剌部 也喜部 鼻骨德部 達剌乖部 達密里部 密兒紀部 合主部 烏古里部 阻卜部 普速完部 唐古部 忽母思部 奚的部 紀而畢部[一三] 乃蠻部 畏吾兒城 回回大食部 尋思干地 起而漫地

【校勘記】

〔一三〕白達旦部、敵烈部、鼻骨德部、紀而畢部　按紀作白達達、敵剌、鼻古德、紇而畢。

《遼史》卷六十九《表第七・部族表》頁一一二三至一一二四

散見未繫年史料

東面

4. ......yoγčï sïγïtčï öngrä, kün toγsïqda bükli čö(l)lig il, tabγač, tüpüt, apar, purum, qïrqïz, üč qurïqan, otuz tatar, qïtañ, tatabï bunča bodun kälipän sïγtamïš yoqlamïš. ......

......（作爲）吊唁者從前面,從日出之方,有莫離（bökli）荒原人、唐人、吐蕃人、阿瓦爾（apar）人、拂林（purum）人、黠戛斯人、三姓骨利幹人、三十姓韃靼人、契丹人、奚（tatabï）人——這樣多的人民前來吊唁。......

《闕特勤碑》,《古代突厥文碑銘研究》頁一二一

東面

5. yoγčï sïγïtčï öngrä, kün toγsïqda bükli čö(l)lig il, tabγač, tüpüt, apar, purum, qïrqïz, üč qurïqan, otuz tatar, qïtañ, tatabï bunča bodun kälipän sïγtamïš yoqlamïš. ......

（作爲）吊唁者從前面,從日出之方,有莫離（bökli）荒原人、唐人、吐蕃人、阿瓦爾（apar）人、拂林（purum）人、黠戛斯人、三姓骨利幹人、三十姓韃靼人、契丹人、奚（tatabï）人——這樣多的人民前來吊唁。......

《毗伽可汗碑》,《古代突厥文碑銘研究》頁一五一

東面

14. ......biriyä tabɣač bodun yaɣï ärmiš, yïraya baz qaɣan, toquz oɣuz bodun yaɣï ärmiš, qïrqïz, qurïqan, otuz tatar, qïtañ, tatabï qop yaɣï ärmiš. qanïm qaɣan bunča (sülämiš) ......

......在右邊（南方）唐人是敵人，在左邊（北方）巴兹（baz）可汗及九姓烏古斯是敵人，黠戛斯、骨利幹、三十姓韃靼、契丹、奚，都是敵人。我父可汗（作戰）這樣多（次）……

《闕特勤碑》,《古代突厥文碑銘研究》頁一二四

東面

12. ......biriyä tabɣač bodun yaɣï ärmiš, yïraya baz qaɣan, toquz oɣuz bodun yaɣï ärmiš, qïrqïz, qurïqan, otuz tatar, qïtañ, tatabï qop yaɣï ärmiš. qanïm qaɣan bunča (sülämiš) ......

在右邊（南方）唐人是敵人，在左邊（北方）巴兹（baz）可汗及九姓烏古斯是敵人，黠戛斯、骨利幹、三十姓韃靼、契丹、奚，都是敵人。我父可汗（出征）這樣多（次）……

《毗伽可汗碑》,《古代突厥文碑銘研究》頁一五三至一五四

東面

33. oɣuz bo(dun ...... dïdmayïn tiyin sülädim.
烏古斯人……不派……我出征（烏古斯？）

東面

34. äbin barqïn buzdum. oɣŭz bodun toquz tatar birlä

tirilip kälti. aγuda iki uluγ süŋüš süŋüšdüm. süsin(buz) dum, ịlin anta altïm. anča qazγanï(p……täŋri) yarlïqaduq üčün ö(züm) otuz artuqï ü(č yašïma……y)oq ärti.………

我破其汗庭，烏古斯人民同九姓韃靼聯合攻來。在 Aghu 我打了兩次大仗。我破其軍，并在那裏獲取其國家。我如此努力……，由於上天保佑，當我本人三十三歲時……沒有了。

《毗伽可汗碑》，《古代突厥文碑銘研究》頁一六一至一六二

北面

11. uč qarluq yablaq saqïnïp täzä bardï, qurïya on oq(q)a kirti. laγzïn yïlqa t(oquz tatar)……tay bilgä tutuquγ

三姓葛邏禄（üč qarluq）心懷惡意地逃走了。他們在西方進入十箭（人民）的（地方）。猪年，九姓（韃靼）……把大毗伽都督（tay bilgä tutuq）

12. yabγu atadï……

任爲葉護……

東面

13. tutdïm……bir……(yaŋïqa) bükägük(k)ä yätdim.kičä yaruq batur ärikli süŋüsdim. anta sančdïm. kün qačmïs. tün turulmis. bükägükdä säkiz oγuz toγuz tatar qalmaduq. iki yaŋïqa kün toγuru süŋusdim. qulïm küŋim bodunïγ täŋri

我俘虜了……（初）一——……我抵達 bükägük（地方）。晚間，日落時分我打了仗。在那裏我刺殺了。他們白天逃去，

夜間集起。在 bükägük 未留下八姓烏古斯、九姓韃靼。初
二,日出時我打了仗。天地保佑了我的奴、婢、人民。

15. irtim. burɣuda yätdim. törtünč ay toquz yaŋïqa
süŋüsdim, sančdïm. yïlqïsïn barïmïn qïzïn quduzïn kälürtim.
bisinč ay udu kälti, säkiz oɣuz toquz tatar qalmatï kälti. sälaŋä
kidin yïlun qol birdin sïŋar šïp bašïŋa tägi čärig itdim.

四月初九日,我打了仗,在那裏刺殺了。我獲得了他們
的馬群、財物、姑娘、婦女。五月,他們跟來了。八姓烏古斯、
九姓韃靼全都來了。在色楞格河西, yïlun 河南,直到 šïp 河
源,我布置了軍隊。

16. kärgün saqïšin šïp bašïn körä kälti......säläŋäkä tägi
čärig itdi. bisinč ay toquz otuzqa süŋüsdim. anta sančdïm,
šäläŋäkä sïqa sančdïm, yazï qïldïm, üküši šäläŋä qodï bardï.
bän šäläŋä käčä udu yorïdïm, süŋüsdä tutup on är.......ït(t)ïm.

他們經 kärgü saqïš 及 šïp 河源而來……直到色楞格河,
他們佈置了軍隊。五月二十九日我打了仗。在那裏刺殺了。
我(把他們)擠到色楞格河并刺殺了。我擊潰了(他們)。他們
中大多數沿著色楞格河下游逃去。我渡過色楞格河繼續追
趕,在戰鬥中俘獲了 10 人。我派(他們去傳達我的詔諭)。

17. tay bilgä tutuq yablaqïn üčün, bir eki atlïɣ yablaqïn
üčün qara bodunïm öltiŋ yitdiŋ, yana ičik, ölmäči yitmäči sän
tidim. yičä isig küčig birgil tidim. ......

"由於大毗伽都督的惡劣,由於一兩個首領的惡劣,我
的普通人民,你們死亡了。重新内屬(與我)吧!(那時)
你們就不會死亡!"——我説了。"你們重新(爲我)出力

吧！”——我説了。

18. ......ol ay bis yigirmigä käyrä baši üč birküdä tatar birlä qatï toqïdïm. sïŋarï bodun

……該月十五日，在 käyrä 河源及三 birkü（地方），我與韃靼人打了一次亂仗。一半人民

19. ičikdi, sïŋarï b(odun......q)a kirti. anta yana tüsdim. ötükän irin qïšladïm. yaɣïda bošuna bošunaldïm. eki oɣlïma yabɣu šad at birtim. tarduš, tölis bodunqa birtim. ančïp bars yïlqa čik tapa yorïdïm. ekinti ay tört yigirmikä kämdä

内屬了，一半人民進入……從那裏我返回了。我在于都斤山北麓過了冬，我擺脱了敵人，過著自由（生活）。我賜予我的兩個兒子以葉護和設的稱號。我讓他們統治達頭及突利施人民。這以後，在虎年我出兵攻打 čik 人。二月十四日，我們作戰與劍河。

20. toqïdïm. ol ay...ičikdi...tez bašïnta qasar qurïdïn örgin anta ititdim. čit anta toqïtdïm. yay anta yayladïm, yaqa anta yaqaladïm. bälgümin bitigimin anta yaratïtdïm. ančïp ol yïl küzün ilgärü yorïdïm, tatarïɣ aytdïm. ......

同月……内屬了，我令人（在于都斤西麓），在鐵兹（täz）河源，在 qasar 西方建立了汗庭，并命人建造了圍墙。我在那裏過了夏天。我在那裏祭了天。我命人製作了我的印記和詔諭。這以後，那一年秋天，我向東出兵，我問罪於韃靼人。……南面

28. (tapa) är ïdmïs......timis. ičrä bän bulɣayïn timis. tašdïntan qabïšayïn timis, basmïl yaɣïdïp äbimrü bardï, anï ičgärmädim

tašdïntan üč qarluq, üč ïduq ta(tar)...türgäs...ötükänta bän

　　那裏派去了人。……他説。"讓我們裏應外合（直譯：讓我們在内部製造混亂，從外部讓匯合）。"——他説。拔悉密（與我們）爲敵，攻打了我們的住地（直譯：去了我的家）。我未能使其内屬。從外部三姓葛邏禄、三聖韃靼……突騎施……在于都斤山，我……

　　29. (baš)ï anta t(oqïdïm) (b)išinč ay altï otuzqa süŋüsdim, anta sänčdïm. ......

　　在那裏攻打了（他們）。五月二十六日我打了仗，我在那裏刺殺了。

　　西面

　　47. türk bo(dunïγ)......(säkiz)oγuz toquz(tatar)......qatun yigäni öz bilgä(bünyin?)

　　突厥人民……八姓烏古斯、九姓韃靼……妻侄 öz bilgä(bünyin?)

　　《磨延啜碑》,《古代突厥文碑銘研究》頁一九五至二〇四

　　北面

　　11. täŋri qanïm atlïγï toquz tatar yeti yigirmi az buyruq toŋrada šaŋüt bïŋa uyγur bodunï tegitimin bu bitidükdä qanïma turγaq baši qaγas atačuq bägzik är čigši bïla baγa tarqan üč yüz turγaq turdï

　　啊，我的汗，有（這些人）出席：我天（可）汗的騎士（或譯爲"高貴人士"），九姓韃靼，十七阿熱梅録（az buyruq），同羅

部的將軍和隊伍,回紇人民及我的諸特勤,當書寫這些文字的時候,護衛軍首領勇敢的阿塔楚克及別克澤克·艾爾·刺史(begzil er čigši)連同莫賀達干(baγa tarqan)和三千護衛軍,(以及)

13. täŋri qanïm oγlï......bodunqa......odurγan......čabïš sägün bodunï toquz bayarqu......basmïl toquz tatar bunča bodun čad bodunï

我天(可)汗之子……(此處約缺損 30 个字符)對人民……
(此處約缺損 3—4 個字符)察必失將軍(čabïš säŋün)的人民,又征服了九姓拔野古……拔悉密、九姓轄戛這許多人民。(屬於)設(šad)的人民

《鐵爾痕碑》,《古代突厥文碑銘研究》頁二一〇至二一一

又達坦鋼錠雜箭三十四隻。

S.2009《沙州官衙什物點檢歷》節録,《英藏敦煌社會歷史文獻釋録》第八卷頁三六四

威巴特第九碑

1. tatar: yaγï eli ečisin

2. ägäčin beš berür

3. bän

4. ///ekimin

5. //šü birtim

6. bilgä/////

7. kälür/////

8.bäg bilgä tatarqa///

9.///kälür/////

譯文：

1.敵國達怛國,把少男

2.少女送來五人

3.我

4.*** 把我自己的兩人

5.我 ****［了］

6.毗伽 ***

7.帶來 ***

8.匐毗伽向達怛 ******

9.帶來 ******①

　　白玉冬:《葉尼塞碑銘威巴特第九碑淺釋》,《民族古籍研究》第二輯頁一四四至頁一四五

---

①威巴特(Ujbat)第九碑是一九七六年蘇聯考古學家庫兹拉索夫(И.Л.Кызласов)發現的,此碑位於阿巴坎河支流威巴特河的河谷地帶,蘇聯著名突厥學家克里亞施托爾内(С.Г.Кляшторныи)對碑銘進行過解讀,他對第一、二行的解讀是“達怛爲了更好,支付了(税金、貢物)”,認爲碑銘反映了點戛斯與韃靼處於敵對關係,韃靼對點戛斯有繳納賦税的義務,碑銘中記載事件的時間是回鶻與點戛斯戰争期間,即九世紀四十年代—六十年代;白玉冬認爲從九姓韃靼與點戛斯在蒙古高原勢力交替看,此碑的時間在九世紀末期到十一世紀之間。參見白玉冬:《葉尼塞碑銘威巴特第九碑淺釋》,《民族古籍研究》第二輯,中國社會科學出版社,二〇一四年。

烏蘭浩木碑

1. är atïm bars tegin, yeti y(e)g(i)rmi yaš(ï)mta Bor Uluγqa

2. sül(ä)d(i)m, mïng yont altïm. toquz y(e)g(i) rmi yoq(ïmta)

3. öngi suçutu tatarqa süladim, öngrä çärig

4. ïd(t)ïm. y(e)g(i)rminçtä ärtürü todïm tolun yïlqï

5. Tübütig Büklüg kesrä Türkäš bulun öküš

6. altïm. bir otuz yaš(ï)mta Omuz(q)a sülät(i)m(i)z

7. töpäläyü barut(ä)ngri tanaltuqïke(srä)

8. ///yorï kün

譯文：

1. 我名叫巴爾斯特勤，當我 17 歲的時候向布爾烏魯格

2. 出兵，獲取了一千匹馬。當我還沒有滿 19 歲的時候

3. 奔騰著〔馬匹〕向韃靼人出兵，把軍隊派遣到了東方。

4. 當我快滿 20 周歲的那年

5. 俘虜了很多吐蕃人、高麗人，後來〔俘虜了〕很多突騎施人。

6. 當我 21 歲的時候向 Omuz 出兵，

7. 經歷了這些，王子被上天帶走以後

8. ……的天。①

---

① 回鶻文《烏蘭浩木碑》是一九五五年由蒙古國考古學家道兒吉蘇榮在烏蘭浩木（ Ulaangom ）附近哈爾吾斯（ Har Us ）發現的，它的年代是屬於鄂爾渾回鶻時代（ 七四四—八四〇年 ），碑中記載的回鶻與韃靼人的戰爭，可以與《磨延啜碑》《鐵爾痕碑》的記載相印證。

　　吐送江·依明 白玉冬:《蒙古國出土回鶻文烏蘭浩木碑考釋》,《敦煌學輯刊》,二〇一八年第四期

　　光啓中,契丹王習爾稍强盛,時中原多故,習爾遂役屬達怛、奚、室韋諸部入寇,其後爲幽州劉守光所破,十年不敢犯塞。昭宗天祐四年,寇雲中,後唐武皇帝與之連和。又吐渾數叛,旋亦歸服,達怛亦依於武皇。

　　　　《册府元龜》卷九五六《外臣部·總序》頁一一〇六六

　　唐光啓後,其王欽德乘中原多故,侵略諸部,達怛、奚、室韋咸被驅役,由是放帳浸盛。

　　　　《宋會要輯稿》卷五二五七《蕃夷一之一》頁七六七三

　　遂得葛禄藥摩、異貌達怛,(競)來歸伏,争獻珠金。獨西乃納駝馬,土蕃送寶送金。拔悉密則元是家生,黠戛私(斯)則本來奴婢。諸蕃部落,如雀怕鷹;責(側)近州城,如羊見虎。實稱本國,不是虚言。①

　　　　S.6551《佛説阿彌陀經講經文》節録,《敦煌變文集》(下册)頁四六一

　　又嘗與達怛部人角勝,達怛指雙鵰於空曰:"公能一發中否?" 武皇即彎弧發矢,連貫雙鵰,邊人拜伏。

_____

①張廣達、榮新江認爲這篇講經文成於 930 年前后,參見張廣達、榮新江:《有關西州回鶻的一篇敦煌漢文文獻 -S6551 講經文的历史學研究》,《北京大學學報(哲學社會科學版)》,1989 年第 2 期。

《舊五代史》卷二五《唐書一·武皇紀上》三三三

旋以達靼諸部入寇,從璋率麾下出討,一鼓而破,有詔褒之。

《舊五代史》卷八八《晉書十四·列傳第三》頁一一五四

乾德四年夏,塔坦來貢。開寶二年興國六年、八年來貢。本東北方靺鞨之別部,唐李克用鎮雁門,以其族歸附。

《玉海》卷一五四《朝貢·建隆回鶻貢方物》頁二八三一

撻凜問曰:"今軍旅甫罷,三邊宴然,惟阻卜伺隙而動。討之,則路遠難至;縱之,則邊民被掠;增戍兵,則餽餉不給;欲苟一時之安,不能終保無變。計將安出?"

《遼史》卷一四〇《列傳第三十四·文學下·耶律昭》頁一四五四至一四五五

昔人文章用北狄事多言黑山,黑山在大幕之北,今謂之"姚家族",有城在其西南,謂之"慶州",予奉使嘗帳宿其下。山長數十里,土石皆紫黑,似今之磁石,有水出其下,所謂黑水也。胡人言黑水原下委高,水曾逆流,予臨視之,無此理,亦常流耳。山在水之東。大抵北方水多黑色,故有盧龍郡,北人謂水爲"龍",盧龍即黑水也。黑水之西有連山,謂之"夜來山",極高峻,契丹墳墓皆在山之東南麓。近西有遠祖射龍廟,在山之上,有龍舌藏於廟中,其形如劍。山西別是一族,尤爲勁悍,唯啖生肉血,不火食,胡人謂"山西族",北與黑水胡、南與達靼接境。

《夢溪筆談》卷二四《雜誌一》，第二二八頁

　　虜使雲：青貂穴死牛腹，掩取之；紫貂升木，射取之，黄色乃其老者；銀貂最貴，契丹主服之。又云：駝鹿重三百斤，效其聲，致之，茸如茄者，切食之。又云：大寒之毒，如中湯火，著人皮膚，成紫皰。又云：達怛①界上獵圍中獲一野人，披鹿皮，走及奔鹿。

　　《江鄰幾雜誌》，《全宋筆記》（第一編·五册）頁一五五

　　沙漠府控制沙漠之北。[一四]

　　置西北路都招討府、[一五]奥隗部族衙、[一六]驢駒河統軍司、倒撻嶺衙，鎮撫轄戛、蒙骨、迪烈諸軍。

【校勘記】

　　[一四]沙漠府控制沙漠之北　"府"字原闕，從席本補。

　　[一五]置西北路都招討府　"北"字據會編卷二十一引亡遼録增。

　　[一六]奥隗部族衙　據會編卷二十一引亡遼録，"奥隗"下復有"烏隗"二字。案："奥隗"又作"奥隈"、"奥畏"等，而"烏隗"又作"烏隈"等，均見《遼史》。

　　《契丹國志》卷之二二《州縣載記·控制諸國》頁二三五、二四四

　　正北至蒙古里國。無君長所管，亦無耕種，以弋獵爲業，

①原文爲達恒，當爲達怛。

不常其居，每四季出行，惟逐水草，所食惟肉酪而已。不與契丹爭戰，惟以牛、羊、駞、馬、皮、毳之物與契丹爲交易。南至上京四千餘里。

《契丹國志》卷之二二《州縣載記·四至鄰國地里遠近》頁二三八至二三九

懷州，契丹號奉陵軍，州將兼山陵都部署，即遼主德光葬所也。東南至中京三百五十里，西至平地松林四十里，北至潢河十里，河北至上京百五十里，西北門至達靼國三百里。

慶州，契丹舊邑，號黑河州，置州在黑山之陽，北至黑山三十里，即遼主隆緒葬所也，近年改爲慶州。東自金河館至饅頭山，西轄靼國界，南至潢水二十里，北至室韋國七百里，東南至上京二百五十里。

《武經總要》卷十六下《邊防·上京四面諸州》頁二七〇

驢駒兒泊，河源出塞外，在契丹國西北，契丹命齊王妃撻覽捍韃靼，即此也。

狗泊，西鴛鴦泊，北轄靼國界，東南炭山。

《武經總要》卷十六下《邊防·番界有名山川》頁二七三

豐州九原郡，春秋戎狄之地，接勝州界，有藏牙[1]三族，并在河北。東鄰契丹，北接韃靼，南即麟府東火山軍界。

《武經總要》卷十七《邊防·廢壘》頁二八三

---

[1]原文爲藏牙，當爲藏才。

The Kīmek

[How They Were Originally a Branch of the Tatars: the Legend of Šad and the Origin of the Name of the Ertiš (Irtysh)]

<As for the Kīmek people (kīmākīyān)> their origin (aṣl) was this, that the leader (mehtar) of the Tatars (Tatārān) died leaving [82C] two sons. The elder son seized the kingship (pādšāhī) and the younger son became envious of his brother. The name of that younger brother was *Šad. He tried to kill the older brother but was not able, [after which]he became afraid for himself.

[Now], this Šad had a girl (lit.concubine, or maid, maiden, kanīzak), [who] was his lover (or mistress, cašiqe). He took away this girl and fled [257D] from before his brother. He went to a place where there was a great river (or lake āb-e bozorg), many trees, and abundant game. There he pitched his tent (xarqāh) [C1] and settled down (forūd āmad). Every day that man and girl, both of them, would go hunting and they would make garments of [258A] skins of stable, grey squirel, and ermine (samūr, senjāb oqāqom).

[And so it went] until seven persons from among the clients (*mawālīyan or the adopted, inferior [tribesmen], mowāledān in the sense of mawalladan) of the Tatars [82D] came to them (nazdīk-e īšan šodand). The first was Īmī;

the second, Īmäk; the third, Tatār; the fourth, *Bayāndur (Bilāndir); the fifth, Qifčaq; the sixth, Lānīqāz; the seventh, Ajlād. And these were a party (qōmī) who had taken (lit. brought) <out> their masters' (xodāvandān) horses (sotūrān) to graze, but where the horses were there was no pasturage left and so they had gone (lit.went) in search of grass to that region in which Šad was. When the maid saw them she came out and said "ertiš", which means "dismount yourselves" for which reason this river has been named the Ertiš (Irtysh).

[Now] when this party recognized that girl, they all dismounted and put up [their] tents. [Then] when Šad returned (ferāz rasīd), he brought [258B] much game and [82E] entertained them, [so that] they stayed there until winter. When the snow came (beyāamad) they were unable to go back, [but] [83A] there was abundant grass in that place [and so] they were there all winter.

[At length] when the world became fair [again] and the snow went away, then sent a person to the abode (bongāh) of the Tatars, that he might bring them news of that party. But when he arrived, he *saw [that] the entire place had become desolate and devoid of people, for the enemy had come and plundered and killed the whole nation(qom), [except for] that remnant which had been left (and came forward) towards him from the foot of the mountain. [These]he told of Šad (*hāl-e Šad, ut Barthold, pro, xālī šod) and his own comrades, and all that folk set out for the Ertiš. When they arrived there they greeted Šad as their chief (<be>riyāsat salām kardand) and held him in awe (u-rābozorg dāštand). Then other folk (qōm) who heard this news [83B] began to come, [until at length] seven-hundred persons came together [258C] and stayed a long [C2] time in Šad's service. Afterwards, when they became [more] numerous they spread out over those mountains and became seven tribes, named after those seven persons we have mentioned.

A. P. Martinez, Gardīzī's Two Chapters on the Turks, Archivum Eurasiae Medii Aevi, 2(1983), pp.120-121.

三、寄蔑人（Kīmek）

（1）它們原來何以成爲韃靼的一支：設的傳說和也兒的石名稱的由來

至於寄蔑人，其起源是這樣的：首領韃靼死後留下兩個兒子，長子治國，幼子對哥哥產生了嫉妒，幼子名叫設（Šad）。他試圖弒兄，但未得逞，遂心懷恐懼。

那時，設愛上了一個女孩，携之逃離其兄，投奔一處毗鄰大河之地，那裏林木蔥蘢，有大量飛禽走獸。他在那兒紮起帳篷，安置下來。此人每天和女孩雙雙外出狩獵，吃獵物肉並用黑貂、灰鼠和銀鼠皮做衣穿。

以後，又有七個韃靼（Tatār）親戚來到他們這兒。第一個是乙密（Īmī），第二個是咽麵（Īmäk），第三個是韃靼（Tatār），第四個是巴彦德爾（*Bayādur），第五個是欽察

（Qifčaq），第六個是拉尼卡兹（Lānīqāz），第七個是阿吉拉德（Ajlād）。這些人牧放著主人們的畜群，但缺乏牧馬之地，在尋找牧場時，他們來到了設所在的地方。那個女孩看見他們後便跑出去喊道："額爾齊斯（Ertiš）"，意爲"站住"。正是因爲這個緣由，這條河便被命名爲額爾齊斯（Ertiš/Irtysh）了。

大家認出了那個女孩，都停了下來，撑開帳篷。設回來時帶來大量的獵物，招待這些人，[於是]，他們都留在那裏直到冬天來臨。下雪了，他們回不去了。那裏水草豐美，[於是]他們就在那裏過了一冬。

當積雪融化，萬物復蘇之時，他們支使一個人回到了轄靼人的營地，想讓他帶點兒那個部落的消息。但那人到後才發現，該地已變成一片廢墟，人烟斷絶。原來是敵人來了，搶掠和屠殺了全體人民。部民子遺從山脚下朝他奔來。他向他們講述了設和同伴們的情况，大家遂朝著額爾齊斯河進發。到那兒之後，他們向設致敬，並擁立設爲自己的首領。另外一些人聽到這個消息後，也開始前來，竟聚集起了七百人，在設的統領下，居住了很長一段時間。嗣後，他們得到繁衍，沿山而居，並形成了七個部落，分別以前面提到的那七個人的名字作爲部落之名。①

馬爾丁奈兹（A. P. Martinez）撰，楊富學、凱旋譯：《迦爾迪齊論突厥》，《回鶻學譯文集新編》頁二四八至二四九

---

①馬爾丁奈兹（A. P. Martinez）《迦爾迪齊論突厥》是迦爾迪齊《紀聞花絮》第十七章，此書成書於十一世紀中期。

大康中,歷永興延昌宮使、右皮室詳穩。會阻卜叛,奉詔招降之。

《遼史》卷九五《列傳第二十五・耶律大悲奴》頁一三九三

不論其信奉伊斯蘭教與否,我從東羅馬附近開始,向日出的方向依次指出東方的突厥諸部落居住的地區。居住地最靠近東羅馬的部落是 pəqenək(派切乃克),其次是 kïfqak(奇普恰克)、oquz(烏古斯)、yəmək(耶麥克)、baxqïrt(巴什基爾)、basmïl(拔悉密)、kay(喀伊)、yabaku(亞巴庫)、tatar(韃靼)、kïrkïz(黠戛斯)等部落。

《突厥語大詞典》頁三一

Θtükən 烏德鞬,鬱督軍。韃靼草原上的一個地名,距回鶻汗國較近。

《突厥語大詞典》頁一四八

乾統中,從伐阻卜有功,加奉宸。

《遼史》卷九五《列傳第二十五・耶律適禄》頁一三九一

論曰:遼自神册而降,席富强之勢,内修法度,外事征伐,一時將帥震揚威靈,風行電掃,討西夏,征党項,破阻卜,平敵烈。諸部震懾,聞鼙鼓而膽落股弁,斯可謂雄武之國矣。

《遼史》卷九五《列傳第二十五・耶律大悲奴》頁一三九三

奪里本斡魯朶，穆宗置。是爲延昌宮。討平曰"奪里本"。以國阿輦斡魯朶户及阻卜俘户，中京提轄司、南京制置司、咸、信、韓等州户置。

《遼史》卷三一《志第一·營衛志上》頁三六五

西夏彈丸之地，南敗宋，東抗遼。雖西北士馬雄勁，元昊、諒祚智勇過人，能使党項、阻卜掣肘大國，蓋亦襟山帶河，有以助其勢耳。

《遼史》卷三六《志第六·兵衛志下》頁四三三

遼境東接高麗，南與梁、唐、晉、漢、周、宋六代爲勁敵，北鄰阻卜、尤不姑，大國以十數；西制西夏、党項、吐渾、回鶻等，強國以百數。

《遼史》卷四六《志十六·百官志二·北面邊防官》頁七四二

西北路阻卜都部署司。

《遼史》卷四六《志十六·百官志二》頁七五〇

阻卜國大王府。阻卜扎剌部節度使司。阻卜諸部節度使司。聖宗統和二十九年置。阻卜別部節度使司。西阻卜國大王府。北阻卜國大王府。西北阻卜國大王府。乞粟河國大王府。城屈里國大王府。尤不姑國大王府。亦曰述不姑。又有直不姑。

《遼史》卷四六《志十六・百官志二》頁七五七

A.01 Kičig k(i)yä bešik-tä yatur ärkän ök adïn alp
alpaɣut äränlär 02 ning küvänü sävinü sözlämiš sav-larïn
kirišin suqïmiš ün-lärin särä 03 umadïn yïdruqïn tügüp qatïɣ
ünin čarlayu kesar arslan änüki ač kičig 04-k(i)yä ärsär:ymä
arïɣ-taqï adïn käyik-lär-ning ätinämiš ünlärin särä 05 umadïn
azïɣlarïn tiš-lärin čïqratïp örü qudï sikriyü yügürür käčär 06
tep ančulayu ymä bu tängrikänimiz özi yašï taqï kičig türk
yigit 07 oɣlan y(a)rlïqar ärkän ök:ačayan tonga oɣlïn-ča
turïtmaz türk 08 yüräk-lig yarlïqar üčün kesar arslan änükinčä
keng kögüzlüg 09 kigäy-siz ädräm-lig yarlïqar üčün ata-sï
天 [tängri] elig qutïnga 10 arqa berip alqatmïš el-kä muyɣa
bolmïš toquz tatar bodunïn 11 ögrätgü balïq saqa-sïnda ürkär
čärig urup yatmap üzä 12 öz-kä sanlïɣ qïlu yarlïqap öz eli-
ning basïnčïn ketärü yat ellg 13 ayïɣ saqïnč-lïɣ yaɣï-lar-qa
ešidmiš-täök ïčanɣuluq äymängülük 14 qïlu yarlïqadï

S. qïday el-kä san lïɣ altï tatar bodunï törüp 46 此 [bu]
el-kä yaɣumadïn toquz buqa bägär:

王 [xan] birlä adïnčïɣ ïduq alp 47 xanïmïz-ning atïn
čavïn ešdip tapïnu ögr(ä)nmiš el-in

xan-ïn tapla 48 -matïn qodup

ornanmïš yurt-ïn turuɣ-ïn oqšar-ča titip:

udan 49 ïdug 天 [tängri] känimiz-kä bodun bolup küč
bergü tïltaɣ-ïntïn

T. 押韻詩句

qongrulu 50 köčüp kälip

qutluɣ ïduq tängri-känimiz-ning

qur-ïnga quurlaɣ-ïnga 51 sïɣïnu kälip

qudï bay taɣ:qum sängir-kä-tägi qonup yurtlap

U. 押韻詩句

52. 心 [könggül] läri ong(a)y

kögüz-läri qanmïš täg ädäm(lä)r

V. 押韻詩句

üküš ay-ta artuq 53 ïduq 天 [tängri] kän-ning

üdräg-lig känt-läringä känt bulup ičikdi-lär 54 ornašdï-
lar:

öng tegit siravil taisi oɣlanï turdï taysi: 七 [yeti] buqa 55
čangšï bašïn b(a)nt(ä)gi tegit-lär:

W. 押韻詩句

yurtlaɣu tüz yurt-larïn nä qodup

56. yurtča ürkä kälip ketip yangï balïq altïn-ïn

57. yurtlap qonup:el-tä tuʀmïs bodun-ta artuq ičikdi-lär
ornašdï 58 lar

X. 散文、押韻詩句

七 [yeti]buqₐ č(a)ngšï öz-tä tuʀmïs qïzïn özi taplap

yaɣïz 59 yer ärkligi

yalïn-lïɣ 聖天 [ïduq tängri] känimiz-ning yarïndï-sï
bolmïš:

Y. 散文

60. azlanču oɣlï sügülüg tegin-kä:töpüsin-tä kötürüp kälürür 61 čä kiši-lärig yïgïp

金 [altun] yipin arqašïp kümüš yipin kökläšip:

Z. 散文

62. tümän yïl-qatägi küč bergü üčün tükäl-lig 聖天 [ïduq tängri]känimiz birlä

譯文

A. 當他還躺在搖籃裏的時候，他就不能忍受其他（即外國）軍隊首領們傲慢興奮地發出的言談和手指置於弓弦發出的射擊聲。他會握緊拳頭，吼聲洪亮——如同一個飢餓而幼小的 Kesārin 獅子之幼仔，不能忍受森林中其他野生動物發出的聲音而咬牙切齒、跳上躍下、跑動橫斷——這就是我們的 Tängrikän，雖然他年歲尚幼，確是一個強壯有力的孩童。他如同 Ājāneya 豹對自己的幼子一樣有著一顆溫柔而堅強的心，如同 Kesārin 幼獅一樣有著寬闊的胸膛和無盡的美德，他幫助了他的父王天王陛下（聖主）。他通過部署驚人的軍隊在城外，馴服了背叛神聖的（十姓回鶻）國的九姓達靼人民，并使他們稱臣納貢。他清除了王國面臨的威脅，使得那些心懷叵測的異國之敵聽到時心驚膽顫。

S. 附屬於契丹王國的六姓達靼之人民興起，在他們（還）沒有接近這個王國時，他們聽到了君主 Toquz Buqa 和汗，以及我們高尚、神聖、英勇的汗（Alp 汗）的名字與威望時，他們就放棄并拋掉了他們已經習慣於服侍的汗（el 汗）。雖然他們熱愛（贊美）他們的家園和故土，但他們放棄了這些並成了

鄔陀南,即我們神聖的 Tängrikän 的人民。由於給了力量,

T. 決裂而來的人們移居過來,

由 於 我 們 仁 慈 神 聖 的 Tängrikän 的 腰 帶, 他 們 得 到 了庇護

向下方(從)Bay Taɣ 直到橫相乙兒地方,他們定居并建立家園。

U. 人民(?)他們心情舒暢,

他們胸懷滿足,

V. 很多個月來,他們涌入到我們神聖的 Tängrikän 的繁榮的城市群,把它們當作自己的城市并定居下來。

(隸屬的?)王子們由皇子,即 Sirafil 太子、他的兒子 Turdi 太子、Yeti Buqa 長史統領。

W. 他們一離開他們曾經居住的美好家園,

他們就來到(這個地區,并把它)作爲他們長(住)的家園,

去定居在新城(Yangï Balïq)的下部(地區)。

比出生在這個王國里的人民更多的他們進入并居住下來。

X. Yeti Buqa 長史,他自己把他親生的女兒許諾給他本人(即 Tängrikän),

成爲了褐色大地之王,

我們光輝神聖的 Tängrikän 的 yarïndï。

Y. 向 Azlancu 之子 Sügülüg(=Süngülüg ?) 王子:

他帶來并聚集起人民(或婦女)時,他即刻向他抬頭,

他們被金線連在一起,

他們被銀線綁在一起。

　　Z. 爲了給予力量直到萬載，與我們完美神聖的 Tängrikän
一起……①

　　茨默、張鐵山：《十姓回鶻王及其王國的一篇備忘録》，
《回鶻學譯文集新編》頁二八九至二九五

————————

①茨默（Peter Zieme）推測文書描述了西州回鶻王國時期十一十一世
　紀的事件，從文本語言的特點看，它的成書年代是十三或十四世紀。
　參見茨默、張鐵山：《十姓回鶻王及其王國的一篇備忘録》，《回鶻學
　譯文集新編》，甘肅教育出版社，2015 年。

參考文獻

紀傳體史料

（後晉）劉昫：《舊唐書》,中華書局點校本,一九七五年。

（北宋）薛居正：《舊五代史》,中華書局點校本,一九七六年。

（北宋）歐陽修,宋祁：《新唐書》,中華書局點校本,一九七五年。

（北宋）歐陽修,宋祁：《新五代史》,中華書局點校本,一九七四年。

（南宋）宇文懋昭撰,崔文印校證：《大金國志校證》,中華書局,一九八六年。

（南宋）葉隆禮著,賈敬顏、林榮貴校：《契丹國志》,中華書局,二〇一四年。

（南宋）王稱,孫言誠、崔國光點校：《東都事略》,齊魯書社,二〇〇〇年。

（元）脫脫：《宋史》,中華書局點校本,一九八五年。

（元）脫脫：《遼史》,中華書局點校本,一九七四年。

編年體史料

（北宋）司馬光編著,胡三省音注：《資治通鑒》,中華書局點校本,一九五六年。

（北宋）司馬光撰,王亦令點校：《稽古録點校本》,中國友誼出版公司，一九八七年。

（南宋）李燾撰，上海師範大學古籍整理研究所、華東師範大學古籍研究所點校：《續資治通鑑長編》，中華書局，二〇〇四年。

（南宋）徐夢莘：《三朝北盟會編》，上海古籍出版社，二〇〇八年。

（南宋）李新傳撰，徐規點校：《建炎以來朝野雜記》，中華書局，二〇〇〇年。

典志體史料

（元）馬端臨：《文獻通考》，中華書局影印本，一九八六年。

（清）徐松輯：《宋會要輯稿》，中華書局，一九五七年。

類書

（北宋）王欽若等編纂，周勛初等校訂：《册府元龜》，鳳凰出版社，二〇〇六年。

（南宋）王應麟：《玉海》，江蘇古籍出版社，一九八七年。

（南宋）章如愚：《山堂考索》，中華書局，一九九二年。

其他史料

（唐）李德裕撰，傅璇琮、周建國校箋：《李德裕文集校箋》，中華書局，二〇一八年。

（五代）孫光憲撰，賈二强點校：《北夢瑣言》，中華書局，二〇〇二年。

（法里功王朝）Translated and Explained by V. Minorsky, *Ḥudūd al-ʿĀlam 'The Regions of the World': A Persian Geography,*

372 A.H.–982 A.D, London: E. J. W. Gibb Memorial Trust; Reprinted at the University Press, Cambridge,1982.

（法里功王朝）佚名著，王治來譯：《世界境域志》，上海古籍出版社，二〇一〇年。

（喀喇汗王朝）麻赫默德·喀什噶里編，校仲彝譯：《突厥語大詞典》，民族出版社，二〇〇二年。

（北宋）蘇軾著，孔凡禮點校：《蘇軾文集》，中華書局，一九八六年。

（北宋）沈括撰，金良年點校：《夢溪筆談》，中華書局，二〇一六年。

（南宋）江上虞：《宋朝事實類苑》，上海古籍出版社，一九八一年。

（南宋）李心傳著，崔文印點校：《舊聞證誤》，中華書局，一九八一年。

（南宋）李攸：《宋朝事實》，中華書局，一九五五年。

（南宋）吕祖謙編，齊治平點校：《宋文鑒》，中華書局，一九九二年。

（南宋）邵伯温著，李劍雄、劉德權點校：《邵氏聞見録》，中華書局，一九八三年。

（南宋）曾公亮著，陳建中、黄明珍點校：《武經總要》，商務印書館，二〇一七年。

（南宋）陳均著，許沛藻等點校：《皇朝編年綱目備要》，中華書局，二〇〇七年。

（清）紀昀、永瑢等：《景印文淵閣四庫全書》，台灣商務印書館股份有限公司，二〇〇八年。

專著

王重民、王慶菽、向達等編：《敦煌變文集》，人民文學出版社，一九五七年。

H. W. Bailey: Saka Documents TEXT VOLUME, Lodon:

Percy Lund, Humphries & Co. Ltd, 1968.

韓儒林:《穹廬集》,上海人民出版社,一九八二年。

陳述:《全遼文》,中華書局,一九八二年。

唐耕耦、陸宏基編:《敦煌社會經濟文獻真迹釋錄》第二、三
　　輯,全國圖書館文獻微縮複製中心,一九九〇年。

高本釗:《叢書集成續編》,新文豐出版公司,一九八九年。

鄭炳林:《敦煌碑銘贊輯釋》,甘肅教育出版社,一九九二年。

向南主編:《遼代石刻文編》,河北教育出版社,一九九五年。

上海古籍出版社、法國國家圖書館編:《法藏敦煌西域文獻》
　　7,上海古籍出版社,一九九八年。

森安孝夫:《モンゴル國現存遺迹・碑文調查研究報告》,中
　　央ユーラシア學研究會,一九九九年。

華濤:《西域歷史研究(8—11 世紀)》,上海古籍出版社,二〇
　　〇〇年。

上海古籍出版社、法國國家圖書館編:《法藏敦煌西域文獻》
　　24,上海古籍出版社,二〇〇二年。

朱易安等主編:《全宋筆記》第一編,大象出版社,二〇〇三年。

上海古籍出版社、法國國家圖書館編:《法藏敦煌西域文獻》
　　31,上海古籍出版社,二〇〇五年。

耿世民:《古代突厥文碑銘研究》,中央民族大學出版社,
　　二〇〇五年。

項楚:《敦煌變文選注》,中華書局,二〇〇六年。

長澤和俊著,鍾美珠譯:《絲綢之路史研究》,天津古籍出版
　　社,一九九〇年。

胡戟、榮新江:《大唐西市博物館藏墓誌》,北京大學出版社,

二〇一二年。

郝春文等編:《英藏敦煌社會歷史文獻釋録》第 8 卷,社會科學文獻出版社,二〇一二年。

郝春文等編:《英藏敦煌社會歷史文獻釋録》第 12 卷,社會科學文獻出版社,二〇一五年。

楊富學:《回鶻學譯文集新編》,甘肅教育出版社,二〇一五年。

白玉冬:《九姓達靼游牧王國史研究(8—11 世紀)》,中國社會科學出版社,二〇一七年。

論文

A. P. Martinez, *Gardīzī's Two Chapters on the Turks, Archivum Eurasiae Medii Aevi, 2* (1983).

森安孝夫:《チベット語史料中に現われる北方民族— DRU-GU と HOR —》,《アジア・アフリカ言語文化研究》14,一九七七年。

張廣達、榮新江:《有關西州回鶻的一篇敦煌漢文文獻——S6551 講經文的历史學研究》,《北京大學學報(哲學社會科學版)》,一九八九年第二期。

黃盛璋:《敦煌于闐文 P.2741、Ch.00296、P.2790 號文書疏正》,《西北民族研究》,一九八九年第二期。

譚蟬雪:《〈君者者狀辨析〉——河西達怛國的一份書狀》,《1994 年敦煌國際研討會文集——紀念敦煌研究院成立五十周年・宗教文史卷下》,甘肅民族出版社,二〇〇〇年。

劉迎勝:《遼與漠北諸部——胡母思山蕃與阻卜》,《歐亞學刊》第三輯,中華書局,二〇〇二年。

白玉冬：《葉尼塞碑銘威巴特第九碑淺釋》，《民族古籍研究》
　第二輯，中國社會科學出版社，二〇一四年。

任小波：《唐宋之際河西地區的部族關係與護國信仰——敦
　煌 PT1189.r 號〈肅州府主致河西節度使狀〉譯釋》，《西域
　歷史語言研究集刊》第七輯，科學出版社，二〇一四年。

吐送江·依明、白玉冬：《蒙古國出土回鶻文〈烏蘭浩木碑〉
　考釋》，《敦煌學輯刊》，二〇一八年第四期。

後　記

　　《室韋資料輯録》与《達怛資料輯録》即將付梓,希望其能對研究室韋一達怛的歷史有所裨益。真正做好一部資料輯録既需要熟悉掌握相關歷史,還需要具備一定的古文字、版本目録學知識。該資料輯録涉及紀傳體、編年體、典制體、大型類書、地理總志等多類古籍,内容龐雜、分布零散、謬誤繁多、生僻字及異體字大量存在,這無疑增加了完成的難度。作爲資料類工具書,最爲可貴的應該是其準確性、全面性和系統性。工作伊始,我們就明確了這樣的目標,並不斷强化、逐步完善。但是,能否達到預先設想,確實可爲研究者所用,助益專業研究,還要由實踐和時間檢驗。

　　《室韋資料輯録》能够面世,得到了許多人的支持和幫助。國家社科基金重大委託項目"蒙古族源與元朝帝陵綜合研究"項目辦公室曾將我申請的《室韋資料輯注》列爲子課題,給與經費資助,實際上標志著室韋史料整理工作的正式啟動。在與此相關成果出版之際,對項目辦主任劉國祥研究員、白勁松研究員致以由衷謝忱。内蒙古大學歷史與旅游文化學院院长李德鋒教授在該系列成果編輯出版之際鼎力相助,深表感謝。在室韋資料收集編纂過程中,我的博士生王麗娟、曹磊增添史料，貢獻良多，銘記於心；于伯樂在攻讀碩士、博士學位階段，一直負責《室韋資料輯録》的結構調整、文字校對工作，進入出版程序，又逐字逐句作了三次校對，花費了很多時間，付出了巨大精力。大家認真負責，一絲不苟的工作態度，令我感佩。《達怛資料輯録》由李榮輝博士獨立輯録、核對，他的碩士研究生、内蒙古師範大學的邱爍、孫墨迪、趙維君諸同學也參加了對達怛史料的校對工作。對於支持和幫助我們的人，一併表示衷心的感謝！

　　責編陳喬付出了大量辛勤勞動，謹致以誠摯的謝意！

　　書中難免有錯誤紕漏，敬祈讀者批評指正。

2023 年 11 月 20 日